Miryam Eser, Eva Tov, Pascale Meyer

Deutsche in der Schweiz –
Ähnlich und doch verschieden

Miryam Eser, Eva Tov, Pascale Meyer

Deutsche in der Schweiz –
Ähnlich und doch verschieden

LIT

Bibliografische Information der Deutschen Nationalbibliothek
Die Deutsche Nationalbibliothek verzeichnet diese Publikation in der
Deutschen Nationalbibliografie; detaillierte bibliografische Daten sind
im Internet über http://dnb.d-nb.de abrufbar.

ISBN 978-3-643-80133-3

©**LIT** VERLAG GmbH & Co. KG Wien,
Zweigniederlassung Zürich 2012
Klosbachstr. 107
CH-8032 Zürich
Tel. +41 (0) 44-251 75 05
Fax +41 (0) 44-251 75 06
e-Mail: zuerich@lit-verlag.ch
http://www.lit-verlag.ch

LIT VERLAG Dr. W. Hopf
Berlin 2012
Verlagskontakt:
Fresnostr. 2
D-48159 Münster
Tel. +49 (0) 2 51-620 320
Fax +49 (0) 2 51-23 19 72
e-Mail: lit@lit-verlag.de
http://www.lit-verlag.de

Auslieferung:

Deutschland: **LIT** Verlag Fresnostr. 2, D-48159 Münster
Tel. +49 (0) 2 51-620 32 22, Fax +49 (0) 2 51-922 60 99, e-Mail: vertrieb@lit-verlag.de

Österreich: Medienlogistik Pichler-ÖBZ, e-Mail: mlo@medien-logistik.at

Schweiz: B + M Buch- und Medienvertrieb, e-Mail: order@buch-medien.ch

DEUTSCHE IN DER SCHWEIZ - ÄHNLICH UND DOCH VERSCHIEDEN

INHALTSVERZEICHNIS

Vorwort 6

Einleitung 10

Einführung 12

Teil I: Was passiert, wenn Deutsche in der Schweiz arbeiten? 13

                       Miryam Eser Davolio und Eva Tov 14

1. Globalisierung und Heterogenität in der Deutschschweiz 14

2. Wie stehen Deutsche und Schweizer zueinander? 22

3. Gesagtes anders verstehen und empfinden 28

4. Unterschiedliche Führungsstile 36

5. Thematisierung versus Tabuisierung 45

6. Deutschenfeindlichkeit in der öffentlichen Sphäre 50

7. Lernprozesse und Vertrauensaufbau 59

8. Fazit 72

Teil II: Interkulturelle Konflikte überwinden – Ein Beispiel aus der Beratungspraxis   Pascale Meyer 74

1. Ausgangssituation 74

2. Der Beratungsauftrag 77

3. Der systemisch-konstruktivistische Ansatz 78

4. Beratungsdesign 81

5. Themen der Workshops 84

6. Ergebnisse der Workshops 87

7. Chancen der deutsch-schweizerischen Zusammenarbeit 91

8. Schlussbemerkungen 94

8. Literatur 95

VORWORT

Die Art und Weise, wie persönliche und kollektive Identitätsfragen gestellt und beantwortet werden, ist Teil des Programms einer Kulturgemeinschaft. Zu solchen Programmen gehören universale, anthropologische „Konstanten" einerseits sowie lokale und temporäre „Techniken" andererseits. Universal scheint beispielsweise die „Methode" zu sein, das Zusammengehörigkeitsgefühl einer sozialen Gruppe dadurch zu stärken, dass man sich gegen eine andere abgrenzt. Mit welchen Mitteln diese Abgrenzung realisiert wird, ob man das durch „feine Unterschiede" (Bourdieu) oder mit nackter Gewalt vollzieht, läge dann im Bereich der „lokalen und temporären Techniken".

Auch muss das „man" als unpersönliche Etikette gelesen werden, denn es sind nach meiner Auffassung mehr die systemischen Bedingungen als personale Eigenschaften, die Identitätsfragen und damit immer auch Fragen der sozialen Grenzen notwendig aufwerfen.

Aus der Ferne und mit Abstand betrachtet können wir diese Dinge mit kühlem Kopf und klarem Blick untersuchen. Dies mag der Grund sein, warum das Studium polynesischer Gesellschaften etwa mit ihren faszinierenden und zugleich merkwürdigen Sitten, Bräuchen, Ritualen usw. akademisch zwar anspruchsvoll ist, affektiv aber vergleichsweise einfach gelingt.

Im Kontext der vorliegenden Studie gehen uns kulturelle Fragen natürlich viel mehr unter die Haut, weil wir unmittelbar Betroffene sind. Schliesslich handelt es sich mit der Schweiz um den (kulturellen) Lebensraum, den wir uns – aus welchen Gründen auch immer – teilen. Es kann schon sein, dass Identitätsfragen in der Schweiz besonders prekär sind, weil das Land mit seiner (vergleichsweise geringen) Grösse, seinen verschiedenen Sprachen, seinen Lebensstilorientierungen, seinen geographischen Gegebenheiten, der wechselvollen Geschichte und schliesslich seiner langen Migrationserfahrung (wozu die Auswanderungswellen nach Übersee im 16. sowie im späten 19. und frühen 20. Jahrhundert genauso zählen, wie die älteren und neueren Einwanderungsphasen) eine starke Notwendigkeit besitzt, Identität zu betonen. Andererseits sind die Unterschiede innerhalb einer Kulturgruppe (Schweizer, Deutsche) grösser als zwischen diesen. Ich selbst habe Beratungsprozesse erlebt, wo Bündner mit Baslern nicht zurecht gekommen sind und das auf die unterschiedliche – in diesem Fall unüberbrückbare – Kultur „gebucht" wurde. Ähnliches gilt fast schon klischeehaft für die Verhältnisse zwischen der Deutschschweiz, der Romandie und dem italienischen Teil der Schweiz.

Es kommt einem so vor, als sei das Verhältnis der Schweizer und Deutschen vielleicht noch etwas spezieller als speziell. Die äusserste Spitze dieses Gefühls, von einem (rein zahlenmässig) übermächtigen „grossen Bruder" erdrückt zu werden stellt ein seit den faschistischen Exzessen des Nationalsozialismus – nicht nur in der Schweiz – kollektiv verankertes Misstrauen dar, das immer noch spürbar und aktiv ist.

„Fremd daheim" nannte der Schriftsteller Hermann Kinder seine Sammlung berührender Texte, die die (vergeblichen) Versuche beschreiben als Andersartiger (wenn auch Deutscher) in der lokalen Kulturalität einer süddeutschen Kleinstadt Fuss zu fassen.

Man selbst ist natürlich stolz auf die eigenen Integrationsleistungen, für wie gelungen und erfolgreich diese von Dritten auch immer wiederum bewertet werden mögen. Und es erfüllt mich zugegeben mit Stolz, wenn ich heute in Deutschland als „Schweizer" vorgestellt werde, es für meine „Landsleute" zunehmend schwierig wird, mich ein- und zuzuordnen. Oder auch: wenn die Zürcher Kollegen sagen, da kommt der Basler; und ich dann beispielsweise Auskunft geben kann über die Fasnacht. Zum Stolz gesellt sich auch ein bisschen Scham, denn darf man das, als Deutscher und ausgerechnet gegenüber Schweizern „so tun" als gehöre man wirklich dazu? Ich denke, man darf das. Jedoch mit aller Demut und Bescheidenheit, und es ist ein zunehmendes Zeichen der Normalität, dass solche Dinge möglich sind.

Vieles andere ist aber (noch) nicht möglich oder jedenfalls nicht selbstverständlich. Davon ist in dieser Arbeit von Miryam Eser, Eva Tov und Pascale Meyer die Rede.

Wir bringen, ob wir wollen oder nicht, immer ein kulturelles und sprachliches Erbe mit, und das ist in der Regel daran geknüpft, wo und wie wir aufgewachsen sind. Aus dieser Haut können wir nicht heraus und doch gehen viele Menschen gerade deshalb an andere Orte, weil sie ein Stück weit „Häutungen" zumindest der äusseren Schichten erleben wollen.

So fremd uns die Anderen auch bleiben mögen, es sind doch immer **Menschen**, die sich begegnen. Und als Menschen sollte man sie auch sehen und behandeln. Dort wo sich Menschen *konkret* begegnen, werden die Dinge differenzierter betrachtet. Vorurteile werden geprüft, manches für gültig befunden, anderes als unzutreffend verworfen. Es handelt sich um Prüfoperationen, die meistens eher positiv ausfallen: Der „Deutsche" und der „Schweizer" (ob Männer oder Frauen) ist plötzlich gar nicht mehr so merkwürdig wie man es dachte. Einige Klischees sieht man zwar erfüllt, lernt aber als Eigenheiten der Person damit umzugehen und für die gemeinsame Arbeit irgendwie zu integrieren. Manches wird sogar geschätzt, wenn vielleicht auch nur in Massen und „im Prinzip".

Dort wo sich Menschen nicht konkret begegnen, bleibt die Diskussion abstrakt und allgemein. Das ist der Diskursraum, in dem das eigene soziale System sich selbst quasi in einer Art „Banntag" abschreibt und versichert, dass (nach innen) alles noch in Ordnung ist.

Es bleiben am Ende mehr oder weniger deutliche „Störungen" verbunden mit der Frage, wie wir diese erklären können, wenn wir denn müssen. Für diesen „Rest" bietet die vorliegende Arbeit eine ausgezeichnete Grundlage.

Identitätsfragen werden immer bedeutsamer, je internationaler (globaler) die Welt agiert. Insofern ist es an der Zeit, dass eine moderne Gesellschaft zumindest den Versuch unternimmt, sich mit ihren nationalen, ethnischen, religiösen, sprachlichen usw. identitätsstiftenden Momenten in den Arbeitswelten vertiefter auseinanderzusetzen. Dazu gehört die Beschäftigung mit dem Anderen und Fremden und dessen Beziehung zum Eigenen.

Zürich und Basel im Juni 2012

Michael Zirkler

EINLEITUNG

Beim deutsch-schweizerischen Arbeitsverhältnis geht es um eine interkulturelle Begegnung der besonderen Art: An und für sich besteht aufgrund der ähnlichen Sprache und des Kulturraums kaum Anlass für Kommunikationsprobleme und trotzdem scheint es oft nicht reibungslos zu funktionieren. Hier fragt sich, wo die Probleme liegen und welche Wahrnehmungen und Interpretationen welche Folgen haben können.

Wie nehmen sich Schweizer und deutsche Mitarbeitende gegenseitig wahr und welche Konflikte bestehen zwischen ihnen? Was können Unternehmen und Institutionen zu einem besseren gegenseitigen Verständnis beitragen?

Diese Fragen bildeten den Ausgangspunkt einer Online-Befragung (2008, siehe www.ch-d.ch), welche sich zum Ziel setzte, Probleme und Bedürfnisse von Arbeitnehmenden in Unternehmen der Deutschschweiz zu eruieren. Die Befragung stiess sowohl bei Deutschen als auch bei Schweizern/innen auf grosses Interesse. Ihre Antworten und Kommentare beleuchteten ein medial hochgespieltes Thema, zu welchem viel Anekdotisches geschrieben, das aber noch wenig wissenschaftlich untersucht wurde. Diese Lücke schliessen wir mit der vorliegenden Publikation. Im ersten Teil werden wir die positiven und negativen Aspekte des Verhältnisses zwischen Deutschen und Schweizern auf der Grundlage unserer Auswertungen analysieren und diskutieren, um dann im zweiten Teil mit einem Fallbeispiel aus der Beratungspraxis aufzuzeigen, wie solche Konflikte angegangen und bearbeitet werden können. Dafür haben wir die Form eines Manuals gewählt. Es wird praxisnah auf mögliche Tücken und Missverständnisse in Kommunikationsmustern und Arbeitsverhältnissen aufmerksam gemacht. Dies soll beide Seiten zur Selbstreflexion anregen und helfen, das Arbeitsklima zu verbessern. Spannungen und Abschottungsprozesse belasten nicht nur die Zufriedenheit des Einzelnen, sondern auch die Produktivität und die Fluktuation der Mitarbeitenden innerhalb der Organisation als Ganzes.

Es war uns als deutsch-schweizerisch gemischtes Autorinnenteam wichtig, unsere Ergebnisse und Erfahrungen möglichst unparteiisch und objektiv darzustellen, ohne zu weiteren Pauschalisierungen beizutragen oder Vorurteile zu verstärken. Allein schon von Deutschen und Schweizern/innen zu sprechen, stellt eine grobe Schematisierung dar, denn *den*

Deutschen gibt es ebenso wenig wie *den* Schweizer. Zudem gäbe es eine ganze Reihe regionaler Unterschiede innerhalb der Landesgrenze zu erwähnen, auf die wir im Rahmen dieser Publikation nicht eingehen können. Ebenso muss man auch auf Organisationsebene differenzieren, denn sowohl in der Schweiz als auch in Deutschland gibt es eine grosse Bandbreite unterschiedlicher Unternehmenskulturen. Generalisierungen waren aber kaum zu umgehen, weshalb wir den Vorwurf, zu einer weiteren Kategorisierung beizutragen, nicht ganz von uns weisen können. Eine solche Studie stellt eine Gratwanderung in einem heiklen Themenfeld dar. Die als Online-Befragung konzipierte Studie hat keinesfalls Anspruch auf Repräsentativität, sondern kann lediglich einen Einblick in ein bisher weitgehend unerforschtes Thema bieten. Weiter möchten wir darauf hinweisen, dass wir nach Möglichkeit eine geschlechtersensible Sprache verwenden. Wenn die Nennung beider Geschlechter jedoch zu sperrig wird, erlauben wir uns, darauf zu verzichten.

Gleichzeitig sprechen wir ein heikles und emotional befrachtetes Thema an, bei welchem Konflikte und Spannungen meist nicht offen angesprochen werden. Das bewog uns, mit dem vorliegenden Manual ein Instrument zu schaffen, das den Beteiligten hilft, sowohl auf der Ebene der Mitarbeitenden als auch auf der Leitungsebene das Tabu zu durchbrechen, d.h. Probleme und Konflikte zu reflektieren und zu thematisieren. Denn nur ein offener Austausch kann zu fruchtbaren Arbeitsbeziehungen führen, damit aus dem schweizerisch-deutschen Verhältnis ein Potenzial erwachsen kann. Das konstruktiv-produktive Arbeitsklima, das aus der Differenz und Heterogenität von Teams und Mitarbeitenden entsteht, bildet die Basis für einen echten Mehrwert im Unternehmen, sowohl auf individueller als auch auf Organisationsebene.

An dieser Stelle möchten wir uns bei Susanne Ramsauer (Supervisorin und Beraterin) und Georg Schlegel (Lektor) für die Textüberarbeitung und die vielen wertvollen Anregungen bedanken.

Basel, den 22.Januar 2012 Miryam Eser, Eva Tov und Pascale Meyer

Einführung

Wenn Menschen mit unterschiedlichem kulturellem Hintergrund zusammenarbeiten, muss es nicht zwangsläufig zu Schwierigkeiten kommen, wie sich in vielen Wirtschaftsbereichen –etwa in Hightech- oder pharmazeutischen Firmen – zeigt. Dort sind heterogene Arbeitsteams schon seit Jahren selbstverständlich. Wieso sollte es also zwischen Schweizern und Deutschen Schwierigkeiten geben, wo die beiden Nationen doch in vielen Untersuchungen zu kulturellen Grössen und handlungsbestimmenden Denkkategorien eine ganze Reihe Ähnlichkeiten aufweisen (vgl.Levine 1998, Trompenaars 1993). Deutschland und die Schweiz werden z.b. als prototypisch für Kulturen mit abstrakt regelfundiertem Verhalten betrachtet, welches sich etwa darin äussern kann, dass man die Überquerung einer Strasse bei Rot missbilligt, selbst wenn kein Verkehr herrscht (vgl. Trompenaars 1993:133). Ebenso zeigt ein Kulturvergleich im deutschen Sprachraum (vgl. Brück 2002), dass Deutsche und Schweizer mehr Gemeinsamkeiten bezüglich Streben nach Effizienz, Zukunftsorientierung, Ordnungs und Regeltreue aufweisen, als dies bei Österreichern der Fall ist. Letztere berufen sich in Arbeitsabläufen stärker auf Hierarchiestufen. Trotzdem scheint das Verhältnis zwischen Österreichern und Schweizern weniger belastet zu sein als jenes zwischen Schweizern und Deutschen.

Hier fragt sich nun, welche weiteren kulturellen Standards und sozialen Faktoren wirksam werden. Vielleicht sind es ja gerade die Ähnlichkeiten der beiden Länder, welche für einwandernde Deutsche Unterschiede in ihrem neuen Schweizer Arbeitsumfeld umso überraschender werden lassen?

Ausgehend von der Situation auf dem Schweizer Arbeitsmarkt im Zuge der Zuwanderung von Hochqualifizierten werden Faktoren, wie kulturelle Zuschreibungen, Fremdbilder und kulturelle Scripts erläutert, welche die Beziehung der Schweizer zu Einwandernden mitprägen. Aus dieser Perspektive heraus wird das Verhältnis von Deutschen und Schweizern genauer unter die Lupe genommen. Auf der Grundlage der Ergebnisse unserer online-Befragung werden die Differenzen auf der Kommunikationsebene oder bezüglich des Führungsstils und die daraus entstehenden Missverständnisse und Spannungen analysiert. Die Wahrnehmung von und der Umgang mit solchen Konflikten, stellen den Ausgangspunkt der nachfolgenden Überlegungen dar. Dabei werden auch diskriminierende Erfahrungen in der öffentlichen Sphäre thematisiert, welche das Verhältnis zwischen Deutschen und Schweizern am Arbeitsplatz mitprägen. An das nachfolgende Kapitel zu Lernprozessen und Vertrauensaufbau schliesst ein praktisches Beispiel zur Intervention in einem Krankenhaus an, welches aufzeigt, wie Probleme mehrdimensional analysiert und bearbeitet werden können.

Wir möchten mit dieser Publikation zu einem grösseren Bewusstsein und zur notwendigen Sensibilität für mögliche Schwierigkeiten beitragen, um gleichzeitig Bearbeitungsmöglichkeiten für eine bessere Passung im schweizerisch-deutschen Verhältnis aufzuzeigen.

Teil I: Was passiert, wenn Deutsche in der Schweiz arbeiten?

MIRYAM ESER DAVOLIO UND EVA TOV

1. GLOBALISIERUNG UND HETEROGENITÄT IN DER DEUTSCHSCHWEIZ

Die CH sind an Einwanderung gewöhnt, trotzdem empfinden sie den Zustrom aus dem Norden als massiv.
Heterogenität und Diversität stellen für die Deutschschweiz mit einem Ausländeranteil von rund 23% keine neue Erfahrung dar, auch was die Zuwanderung aus Deutschland betrifft. Schon zwischen 1888 und 1919 verdoppelte sich die Zahl der Deutschen in der Schweiz von 112'000 auf 220'000 (vgl. D'Amato 2008:281). Bei einer Gesamtbevölkerung von rund dreieinhalb Millionen entsprach dies einem Anteil von 6.3%, wobei die Stadt Zürich gar einen Deutschenanteil von 21% aufwies (vgl. ebd.). Dies lässt die aktuelle Entwicklung in einem etwas anderen Licht erscheinen, stellt doch die Verdoppelung von rund 120'000 auf 252'000 zwischen 2001 und 2008 (Bundesamt für Statistik 2009a) angesichts der verdoppelten Gesamtbevölkerungszahl der Schweiz nur noch eine halb so dramatische Zunahme dar. Allerdings ändert diese Tatsache nichts am Empfinden vieler Schweizer, sich einer massiven Zuwanderung aus dem nördlichen Nachbarland gegenüberzusehen. Massgeblich für die kurzfristig so starke Zunahme war die Einführung des Personenfreizügigkeitsabkommens mit der EU, welches seit Juni 2007 ohne Einschränkungen gilt. Mit dazu beigetragen hat wohl auch die unterschiedliche Arbeitsmarktsituation: Seit 2000 ist die Arbeitslosenquote in der Schweiz mit 2.7% - 4.5% (Bundesamt für Statistik 2009b) nicht einmal halb so hoch wie die in Deutschland mit 7.2% - 10.6% (Statistisches Bundesamt 2009).
Der Braindrain aus Deutschland, von wo meist gut ausgebildete, junge Leute auswandern, hat zu einem Braingain für die Schweiz geführt. Viele Deutsche arbeiten in der Schweiz als Akademiker, Lehrer, Führungskräfte, im Gastgewerbe, Gesundheits- und Versicherungswesen, in der Verwaltung, aber auch als Handwerker und im

Gastgewerbe (vgl. Lang 2007:5). Doch zeichnete sich 2009 und 2010 ein Rückgang der Zuwanderung aus Deutschland sowie eine Zunahme der Abwanderung deutscher Arbeitskräfte ab, was in Zusammenhang mit der Verschlechterung der Schweizer Wirtschaftslage stehen dürfte.

Die Überschichtung durch Ausländer ist für Schweizer gewöhnungsbedürftig

Aus einer Unterschichtung ist ein Überschichtungsphänomen geworden: Während die Zuwanderung von ausländischen Arbeitskräften aus dem Mittelmeerraum ab den 1960er-Jahren und aus dem ehemaligen Jugoslawien in den 1990er-Jahren vor allem die unteren sozialen Schichten betraf, sieht sich nun die Mittel- und Oberschicht durch die Einwanderung von hochqualifizierten Deutschen mit steigendem Konkurrenzdruck konfrontiert (vgl. Zürcher 2008:13; Föllmi 2008:142). Positiv regulierend wirkt sich die neue deutsche Zuwanderung hingegen auf die Schweizer Volkswirtschaft aus, weil sie die Lohnungleichheit im Inland dämpft: *"Da die Zuwanderung Hochqualifizierter in die Schweiz durch die Nachfrage aus dem Arbeitsmarkt im Inland getrieben wird, liegt die Vermutung nahe, dass der dadurch bedingte Lohndruck für Einheimische zu vernachlässigen ist. Vielmehr verhindert sie einen starken Anstieg der Löhne infolge von Fachkräftemangel."* (Föllmi 2008: 158)

Die Erfahrung verstärkter Konkurrenz auf dem Arbeitsmarkt scheint für viele hochqualifizierte Schweizerinnen und Schweizer relativ neu zu sein und kann Bedürfnisse nach Besitzstandswahrung wecken. Ebenso wirkt sich die Zuwanderung auf den Immobiliensektor aus.

Während multikulturelle Belegschaften und Teams in der Schweizer Wirtschaft schon lange zur Normalität gehören, wurde die Führungsebene lange Zeit fast ausschliesslich von Schweizern besetzt (vgl. De Pellegrin 2008:3). Gerade auf der Ebene der mittleren und oberen Kader sind nun aber in den letzten 10 bis 15 Jahren gravierende Veränderungen zu beobachten. So sind etwa mittlerweile 45% der Top-Führungskräfte in Schweizer Unternehmen Ausländer/innen; von den CEOs sind es sogar 56% (vgl. Schilling 2009). Rund ein Drittel der Führungskräfte stammt aus Deutschland, die zweitstärkste Gruppe aus dem angelsächsischen Raum (vgl. ebd.). Diese Entwicklung stösst bei Schweizer Managern des mittleren und oberen Kaders durchaus auf Vorbehalte. Dies zeigt eine Studie, wonach sich die ausländischen Führungskräfte aus ihrer Sicht zwar gut in ihre Unternehmen integriert haben, ihre Schweizer Kollegen aber häufig gegenteiliger Ansicht sind (vgl. De Pellegrin 2008:39). Die befragten Schweizer Manager meinen, so der Autor der Studie, dass die kulturellen Unterschiede zwischen ihnen und ihren ausländischen Kollegen und Vorgesetzten bezüglich Normen, Werten und Verhalten stark spürbar seien und die Unternehmenskultur nachhaltig veränderten, was dazu führe, dass sie sich unwohl, zur Seite gedrängt und nicht ernstgenommen fühlten (vgl. ebd.:40). Die ausländischen Führungskräfte hingegen verbinden ihr Wirken mit positiven Formulierungen, wie "wir sind ja hier, um etwas zu bewegen", "die Schweizer Wirtschaft braucht uns" oder "der Erfolg gibt mir recht". Auch wissen die meisten von ihnen wenig über CH-Besonderheiten – vielen war bei ihrer Arbeitsaufnahme nur die Mehrsprachigkeit der Schweiz bewusst (vgl. ebd.). Durch die neuen ausländischen Führungskräfte, so berichten die befragten Schweizer Manager, seien eine zunehmende Härte und ein erhöhter Leistungsdruck feststellbar, welche sich bis an die Basis bemerkbar machten. Nachhaltiges Denken und soziales Bewusstsein würden zurückgedrängt und machten "kurzfristigen und auf raschen monetären Erfolg ausgerichteten Denk- und Handlungsweisen Platz" (ebd.:44).

Solche sich auf die Unternehmenskultur auswirkenden Tendenzen müssen allerdings im Rahmen der wirtschaftlichen Globalisierung und des steigenden Konkurrenzdrucks gesehen werden. So werden auswärtige Führungskräfte vor allem dann eingespannt, wenn es darum geht, Unternehmen zu "verschlanken" oder für Fusionen und Börsengänge fit zu machen. Dass solche Prozesse dann mit Misstrauen und Widerständen auf der Mitarbeiterebene verbunden sind, ist nicht verwunderlich. Während die befragten Schweizer Führungskräfte fordern, dass ausländische Manager "mehr echte Integrationsbereitschaft und mehr Feingefühl gegenüber den hier herrschenden Sitten" (ebd.:45) zeigen, ist das aus deren Sicht für ihre Aufgabe irrelevant. Hier besteht folglich das Risiko von Missstimmungen und Konflikten, wie auch der Kommentar eines Schweizer Managers aus dem Bankwesen zum Ausdruck bringt: *"Auf allen Ebenen gibt es Schwierigkeiten, aber vor allem auf der Stufe des Managements, denn man lässt sich ungern von einem Deutschen managen. Der versteht weder die Schweizer Kultur noch bringt er einen 'added value' [Mehrwert].".*

"Kulturelle Fusionierung" ist wichtig, um Vertrauen zu schaffen
Im Zuge der Internationalisierung von Unternehmen und Institutionen und damit ihrer Belegschaften wurde die Wichtigkeit einer "kulturellen Fusionierung" für die Ermöglichung vertrauensvoller Beziehungen zwischen den Mitarbeitenden erkannt (vgl. Costa/Bijlsma-Frankema 2007; Zaheer/Zaheer 2006). In interkulturellen Begegnungen kann es leicht zu Missverständnissen und unbeabsichtigten Reaktionen und damit zu Verunsicherungen kommen. Die Folge ist, dass dem anderen die Vertrauenswürdigkeit abgesprochen wird und man sich ihm gegenüber vorsichtig verhält (vgl. Schwegler 2008). Besteht aber erst einmal eine solche misstrauische Haltung, so gewinnt die negative Eindrucksbildung die Oberhand (vgl. Bierhoff 1998). Ablehnende Haltungen und Vorurteile können dann nur unter grossem Einsatz und Engagement aller betroffenen Akteure durchbrochen werden (vgl.Lewicke/Bunker 1996). Dementsprechend bedarf es sowohl seitens der "Neuankömmlingen" als auch seitens der "Alteingesessenen" der kulturellen Offenheit und der Bereitschaft, sich miteinander auseinanderzusetzen. Eine derartige interkulturelle Kompetenz im Arbeitsbereich bedeutet, "in interkulturell geprägten Arbeitssituationen mit Angehörigen verschiedener ethnischer Gruppen und in fremdkultureller Umgebung kommunizieren und effektiv und effizient professionell tätig werden zu können" (Schwalb 1995:90). Hierfür braucht es Empathie, Interaktionsfreudigkeit, Flexibilität, Selbstsicherheit, Bewusstsein für die eigene kulturelle Prägung sowie die Bereitschaft, sich auf neue Umgebungen und Anforderungen einzulassen. Ebenso sind der Respekt vor und das Interesse an anderen Kulturen sowie die Fähigkeit, unterschiedliche Regeln der Interaktion zu erkennen, für den Integrationsprozess förderlich (vgl. Hinz-Rommel 1994).
Diese Kompetenz muss sowohl aufseiten der Menschen, die in ein fremdes Land gehen, als auch aufseiten der Menschen, die im eigenen Land oder Kulturraum mit Heterogenität in Berührung kommen, vorhanden sein, damit positive Kontakte zustande kommen können und diskriminierendes Verhalten vermieden werden kann (vgl. Woltin/Jonas 2009:464).

Allerdings sind sich die Einwandernden meist stärker bewusst, dass sie sich auf einen neuen kulturellen Kontext einlassen, und versuchen sich über die spezifischen Gegebenheiten und Besonderheiten ihrer neuen Heimat zu informieren, um unliebsame Erfahrungen so weit wie möglich zu vermeiden. Eine spezielle Situation mag die Zuwanderung in die Deutschschweiz aus Deutschland darstellen, da Zuwandernde aufgrund der grossen Ähnlichkeit auf kultureller Ebene nicht mit einem solchen Sondierungs- und Anpassungsprozess rechnen oder ihn nicht für erforderlich halten. Durch die geografische und sprachliche Nähe zwischen der Schweiz und Deutschland "können kulturelle Unterschiede allzu leicht übersehen und nationale Besonderheiten fälschlicherweise ignoriert werden" (Schmitz/van den Bergh 2009:58). Kulturelle Blindheit stellt auch eine Schweizer Unternehmensberaterin in unserer Online-Befragung fest: *"Kein Problembewusstsein im Unternehmen – im Unterschied zu Engländern, Amerikanern. Gleiche Schriftsprache heisst nicht dieselbe Kultur."*

Interesse und Respekt für die andere Kultur
Interesse an der anderen Kultur und die Einsicht, dass es einer "Einarbeitungszeit" in den neuen kulturellen Kontext bedarf, sind Voraussetzung für eine gelingende Integration. Doch kann diese nur funktionieren, wenn auch die Inländer Integrationsbereitschaft signalisieren. Dass die Schweizer Gesellschaft mit einem Ausländeranteil von knapp 23% als eine stark durchmischte und somit heterogene Bevölkerung betrachtet werden kann, bedeutet nicht, dass dies für alle Arbeitsbereiche gilt. Nach wie vor gibt es Wirtschaftssektoren und Institutionen, in denen das Primat der deutschen Sprache bisher dazu geführt hat, dass es kaum Einstellungen von ausländischen Arbeitskräften gab. Erst mit der Wirtschaftskrise in Deutschland seit Ende der 1990er-Jahre und dem Inkrafttreten des Freizügigkeitsabkommens der Schweiz mit der EU 2002 ist hier eine Wende eingetreten. Der "Gewöhnungsprozess" ist folglich noch nicht so weit fortgeschritten und neue deutsche Mitarbeitende leisten an solchen Stellen mitunter Pionierarbeit.
Zudem darf bei aller Ähnlichkeit der beiden Wirtschafts- und Kulturräume nicht vergessen werden, dass Einwandernde auf Ablehnung stossen können, wenn etwa historische Altlasten und Kollektiverfahrungen, Ängste bezüglich Macht- und Kulturverlust, tief verwurzelte

Vorurteile oder Unterlegenheitsgefühle die Haltungen eines Teils der Bevölkerung prägen (vgl. Auernheimer 2002:185). Arbeitsmigration ist in der Regel durch starke Machtasymmetrien gekennzeichnet, doch im Falle der neuen deutschen Zuwanderung verhält sich dies meist umgekehrt, da Hochqualifizierte von einem hohen Status profitieren und als EU-Angehörige einen relativ sicheren Aufenthalts- und Arbeitsstatus geniessen. Sie verfügen somit über ein vergleichbares – wenn nicht sogar grösseres – materielles, soziales und kulturelles Kapital als der deutschschweizerische Durchschnitt. Dies ist eine relativ neue Erfahrung für die Inländer, die bislang von Migranten/innen Unterordnung und Dankbarkeit erwarten konnten. Ausserdem kommen die zu 43% hochqualifizierten deutschen Arbeitskräfte (vgl. Strahm 2008) mit dem Bewusstsein, dass die Schweiz im Endeffekt wirtschaftlich und sozialpolitisch von ihrem in Deutschland erworbenen Bildungslevel profitiert. Oder wie es ein seit drei Jahren in einer Schweizer Beratungsfirma tätiger Informatiker ausdrückt: *"Produktivität der Schweiz wird gesteigert, Lücken im Arbeitsmarkt gefüllt. Einsparungen durch die in Deutschland absolvierte Ausbildung. Gewinn pur."*

Fremdbilder, Kollektiverfahrungen und kulturelle Scripts
Auch historische Kollektiverfahrungen können die gegenseitige Wahrnehmung und Verhaltenserwartung entscheidend beeinflussen: "Natürlich hat die Abgrenzungsneurose der Deutschschweizer mit dem letzten Jahrhundert gemeinsamer Geschichte zu tun; mit der Erfahrung, dass der nördliche Nachbar seine Grenzen nicht kannte." (Muschg 2003:187)
So schlägt sich die Bedrohungssituation der Schweiz im Zweiten Weltkrieg, welche durch Dokumentar- und Spielfilme wach gehalten wird, in negativen Stereotypisierungen von Deutschen nieder. Solche zum Teil unbewussten Befürchtungen können durch medial vermittelte Bedrohungsszenarien, etwa durch Zeitungsüberschriften wie "Wie viele Deutsche verträgt die Schweiz?" (Blick, 2.4.2007) oder Sendungen wie "Die Deutschen kommen" (SF1, 25.1.2007) verstärkt werden. Ebenso zeugen Anlehnungen an das Kriegsvokabular, wie etwa Anmarsch, Kreuzzug oder "an die Wand stellen", wie dies im Steuerstreit 2008 und 2009 mit Deutschland geschehen ist, von der Mobilisierung solcher Ängste. Auch bei Fussballländerspielen wird

dies sichtbar, wenn Schweizer Fussballfans sich mit den Gegnern der deutschen Nationalmannschaft solidarisieren: *"Die damalige Abwehrhaltung hat sich so sehr in die Seele der Schweiz hineingebohrt, dass sie auch heute wieder erwacht, wenn nur der geringste Anlass besteht."* (Altwegg/de Weck 2003:13)

Fremdbilder werden bei konkreten Erfahrungen mit dem "Anderen", in diesem Fall dem Deutschen, aktiv, indem diese nun im Licht von Stereotypen interpretiert werden, im Sinne von "typisch, wie der sich verhalten hat". Solche Deutungen belasten die Wahrnehmung und prägen Erfahrungen, bei denen nach Bestätigung der bestehenden Bilder gesucht wird, indem widersprüchliche Informationen ausgeblendet werden (Auernheimer 2002:189).

Im Weiteren sind auch die differenten Kulturmuster in Betracht zu ziehen, welche interkulturelle Kontakte erschweren können. Darunter sind durch die das Hineinwachsen in eine Kultur, verinnerlichten "Codes" oder "Scripts" zu verstehen, die unser alltägliches Leben bestimmen.

Die Unbewusstheit oder Unreflektiertheit solcher Verhaltensmuster kann bei interkulturellen Kontakten zu Missverständnissen, Irritationen oder Konflikten führen (vgl. ebd.). Ein Beispiel hierfür ist der Code "Bescheidenheit", welcher in der Schweiz einen hohen Stellenwert geniesst und etwa bei gut verdienenden Hochqualifizierten dazu führt, dass man ungern mit Titel angesprochen wird und seinen Wohlstand nicht mit protzigen Luxusgütern zur Schau stellen möchte. Zugewanderte Hochqualifizierte haben dieses "Understatement" meist nicht verinnerlicht und sind sich in der Folge auch nicht bewusst, welchen negativen Eindruck sie in ihrer Umgebung mit Prestigegütern erwecken. Auch wird in der Schweiz schon ein deutlich geringeres Mass an Selbstdarstellung als arrogant und überheblich ausgelegt als in Deutschland.

Für Integration braucht es immer zwei

Kulturmuster können über den individuellen Bereich hinaus auch Organisationsformen prägen, etwa Unternehmenskulturen, Hierarchieverständnis und Ansprüche an das Arbeitsklima. Im Zeitalter der Globalisierung und der Fusionen überschreiten solche Kulturmuster zunehmend die nationalen Grenzen, d.h. die spezifischen Umgangsformen des Mutterunternehmens gelten in adaptierter Form auch in seinen ausländischen Filialen. Dementsprechend wissen auch die Mitarbeitenden deutscher Unternehmen in der Schweiz, dass sie eine Anpassungsleistung zu erbringen haben. Dies gilt vor allem im Hinblick auf die Kommunikation im Unternehmen, bis hin zur Frage der Anrede. Wenn Chefs und Mitarbeitende gewohnt sind, sich zu duzen, und die neue deutsche Vorgesetzte erwartet, dass man sie siezt, kann dieser Unterschied sehr relevant sein.

Meist identifizieren sich die Mitarbeitenden bis zu einem gewissen Grad mit der jeweiligen Unternehmenskultur. Ihnen ist bewusst, dass ihre Definitionsmacht ohne Vorgesetztenfunktion sehr beschränkt, wenn nicht sogar gleich Null ist. Eine solche Anpassungsleistung ist in der Regel mit einem Lernprozess verbunden, weil die Auseinandersetzung mit zwei Regelsystemen den Vergleich und die Bewertung der jeweiligen Normen und Verhaltenskodices auf einer Metaebene anregt. Solche Normen zu reflektieren und zu hinterfragen ist nach Aussage eines deutschen Informatikers, der seit acht Jahren in der Schweiz ist, ein Zeichen für Integrationsbereitschaft. *"Anpassung ist das falsche Wort, Entgegenkommen wäre besser, aber man muss einfach das eigene Verhalten hinterfragen, das ist wichtig."*

Die Integrationsbereitschaft der Inländer kann sich auch verringern, wenn die Zuwanderung als massiv empfunden wird. Denn effektive Integration hängt weniger davon ab, ob sich das Individuum um Integration bemüht, sondern unter welchen Vorzeichen es von den Inländern wahrgenommen und aufgenommen wird. Das Individuum selbst ist relativ machtlos, wenn ihm die Integration verweigert wird. In diesem Punkt spielt auch die Unternehmenskultur eine wichtige Rolle, indem sie Integration fördern und ausgrenzendes Verhalten sanktionieren kann. Wenn Kooperation und Partizipation in einem Unternehmen grossgeschrieben werden, so unterstützt dies Integrationsprozesse eher, als wenn Konkurrenz unter den Mitarbeitenden im Vordergrund steht (vgl. auch Cialdini 1984). Hier wird ersichtlich, wie kompliziert und komplex Integrationsprozesse zwischen Mehr- und Minderheiten ablaufen können. Die unmittelbaren Auswirkungen auf die Identität und Befindlichkeit der Beteiligten und auf ihr Arbeitsverhältnis gilt es im Folgenden auszuloten.

2. WIE STEHEN DEUTSCHE UND SCHWEIZER ZUEINANDER?

Wir wollten im Rahmen einer Online-Befragung erfahren, wie sich Schweizer und deutsche Mitarbeitende gegenseitig wahrnehmen und welche Konflikte zwischen ihnen bestehen. Es nahmen in erster Linie Beschäftigte aus dem Dienstleistungssektor teil. Von den insgesamt 252 Teilnehmenden waren rund drei Fünftel, nämlich 147 Teilnehmende deutsche Staatsangehörige und zwei Fünftel Schweizer (102) sowie ein paar wenige Drittstaatenangehörige. Rund ein Fünftel aller Teilnehmenden war in der Industrie tätig, gefolgt von Beschäftigten im Bildungswesen und in der Kommunikation (Werbung, Journalismus, Beratung), im Finanz- und im Gesundheitswesen sowie in der IT-Branche, in Architektur und Verkauf. Die meisten waren zum Zeitpunkt der Befragung (2008) zwischen 28 und 50 Jahren alt. Die Geschlechterverteilung weist mit 105 teilnehmenden Frauen zu 137 Männern einen leichten männlichen Überhang auf. Nur ein Drittel der Frauen, aber die Hälfte der Männer sind in Vorgesetztenfunktion tätig. Die Teilnehmenden arbeiten in Unternehmen mit einem unterschiedlich hohen Anteil an Personal deutscher Herkunft:
0 - 10% D-Anteil: 37.2%
10 - 30% D-Anteil: 44.4%
30 - 50% D-Anteil: 14.0%
mehr als 50%: 4.4%

Interessanterweise sind die Personalanteile anderer Ausländer im Vergleich zum gesamtschweizerischen Durchschnitt relativ niedrig: Bei der Hälfte der Befragten (49%) sind es weniger als zehn Prozent. Bei über zwei Dritteln der aufgeführten Unternehmen stellt die herkunftsspezifische Veränderung in der Belegschaft ein neues Phänomen dar. 90% der Befragten stellen mehr deutsche Beschäftigte in ihren Betrieben fest. Von den deutschen Studienteilnehmer/innen (N=147) sind 40% seit drei Jahren und weniger in der Schweiz. Dies kann als Anhaltspunkt dafür interpretiert werden, dass die neuen deutschen Mitarbeitenden in Arbeitsfelder vorstossen, in welchen bislang noch wenig Internationalisierung und Interkulturalisierung stattgefunden hat.

Konfliktbereich Nr.1 ist die Kommunikation
Generell wird das Verhältnis unter den Mitarbeitenden von zwei Dritteln der Deutschen und der Hälfte der Schweizerinnen und Schweizer als positiv bewertet. Für ziemlich bis sehr konfliktträchtig hält es ein Drittel der Schweizer, während es bei den Deutschen nur 10 Prozent sind. Ein ähnliches Bild zeigt sich bei der Frage nach der Bewertung der Zunahme von deutschen Arbeitskräften in der Schweiz, die von Schweizerinnen und Schweizern negativer empfunden wird als von Deutschen. Dies weist auf recht unterschiedliche Wahrnehmungen und Einschätzungen hin, was für deutsche Mitarbeitende oft zur überraschenden Entdeckung führt, dass sie von den Inländern als "Problem" empfunden werden. Insgesamt 87% der teilnehmenden Schweizerinnen und Schweizer erwarten von den neuen Mitarbeitenden aus Deutschland, dass sie sich mehr an die schweizerischen Verhältnisse anpassen. Dabei wünschen sich die meisten mehr Respekt und Rücksichtnahme, gefolgt von Anpassung an den Schweizer Führungsstil. Auf der anderen Seite lehnen es zwei Drittel der Befragten, überwiegend Schweizerinnen und Schweizer, grundsätzlich ab, dass sich die Schweizer den Deutschen anpassen.
Auf die Frage, in welchen Bereichen des Arbeitsverhältnisses Schwierigkeiten entstehen, gibt mehr als die Hälfte der Teilnehmenden an, dass sich Konflikte allgemein im Hinblick auf Kommunikation und Mentalität ergeben, während ein Fünftel vor allem Konflikte zwischen Vorgesetzten und Unterstellten feststellt. Nur 7.2% berichten von Konflikten im Team unter Gleichgestellten, was die Schlussfolgerung nahelegt, dass das hierarchische Verhältnis die Schwierigkeiten potenziert. Während kommunikative Missverständnisse und Mentalitätsunterschiede unter Gleichgestellten eher durchgelassen werden, können sie bei unterschiedlicher, hierarchischer Position schwerwiegendere Auswirkungen haben.
Schwierigkeiten auf der Kommunikationsebene, etwa ein unterschiedliches Verständnis von Humor, können zu Missverständnissen und Verletzungen führen,. Ein deutscher Projektleiter bringt dies folgendermassen zum Ausdruck: *"Bei Ironie sollte man lachen, damit das Gegenüber auch merkt, dass es nicht böse gemeint ist."* Ein anderer Deutscher merkt an, dass er anfangs Anweisungen gar nicht als solche verstanden habe, weil sie für ihn so unverbindlich formuliert gewesen seien. Solche Schwierigkeiten treten dann auf, wenn sich Situ-

ationsdefinitionen der Kommunikationspartner/innen nicht "hinreichend überlappen" (Habermas 1995:185).
In der Kommunikation spielen implizites Wissen und halbbewussteErwartungen eine grosse Rolle, da Botschaften nicht allein aus ihrem Inhalt, sondern zu einem Grossteil aus dem Kontext und dem "Beziehungswissen" zu erschliessen sind. Während sich inhaltliche Differenzen in der Regel problemlos thematisieren lassen, ist die Klärung von Differenzen auf der Beziehungsebene ungleich schwieriger (vgl. Auernheimer 2002:184). Hier kann es passieren, dass nicht nur die Erwartungen der Kommunikationspartner/innen an das Verhalten des jeweiligen Gegenübers nicht erfüllt werden, sondern auch, dass wechselseitig prinzipielle Vorbehalte oder gar Aversionen unterstellt werden (vgl. ebd.). In der Folge solcher Kommunikationsstörungen bleiben Konflikte unausgesprochen und schwelen auf der Erwartungs- oder Appellebene weiter. Dies führt, wenn man sich z.B. vom Gegenüber betrogen, übergangen oder verletzt fühlt, zu einer gravierenden Eskalation – von aggressiven Reaktionen oder Rückzug bis hin zum Beziehungsabbruch.
Ein Schweizer Manager berichtet in diesem Zusammenhang, dass er aufgrund der häufigen Missverständnisse Mitarbeiter angewiesen habe, den neuen deutschen Mitarbeitenden gewisse Unterschiede zu erklären und sie auf mögliche Konflikte vorzubereiten – auch um ihnen klar zu machen, dass sie in der Schweiz nicht uneingeschränkt willkommen sind.
Rund die Hälfte unserer Studienteilnehmer/innen, sowohl Schweizerinnen und Schweizer als auch Deutsche, gehen offen und unbelastet aufeinander zu. Die andere Hälfte aber ist vorsichtig und kritisch, distanziert bis vermeidend und ablehnend – eine Reaktion, die meist auf schlechte Erfahrungen zurückgeführt werden kann. Hier scheint das Vertrauen beschädigt worden zu sein, welches für eine produktive Zusammenarbeit grundlegend ist (vgl. Schweer/Thies 2003).
Rund die Hälfte aller Teilnehmenden erklärt, dass solche Erfahrungen konstruktive Lernprozesse zur Folge gehabt hätten. Die andere Hälfte hingegen reagiert defensiv: Während die Deutschen mehrheitlich angeben, dass sie sich stärker zurücknehmen und sich anpassen, überwiegt bei den Schweizerinnen und Schweizern Abwehr und Abneigung, gefolgt von Vermeidung gegenüber ihren deutschen Arbeitskolleginnen und -kollegen.

Schweizer schätzen die Arbeitsbeziehungen zu Deutschen schlechter ein als umgekehrt

Betrachtet man die Einschätzung der schweizerisch-deutschen Arbeitsbeziehungen, so listen die deutschen Befragten mehr positive Punkte auf, wie z.b. konstruktive Zusammenarbeit, Auflockerung und Bereicherung, während bei den Schweizerinnen und Schweizern die negativen Punkte überwiegen. Hier stehen Misstrauen und Voreingenommenheit an erster Stelle, gefolgt von Frontenbildung sowie Seilschaften, Bevorzugung und Abschottung. Diese letzteren Dimensionen stellen einen "Killer" für ein gutes und produktives Arbeitsklima dar. Eine aus Deutschland stammende Oberärztin schildert ihre diesbezüglichen Erfahrungen folgendermassen: *"Meist habe ich keine persönlichen Probleme mit Kollegen. Finde es nur schwierig, wenn sich eine 'Schweizergruppe' mal wieder über 'zu viele Deutsche im Spital 'beklagt. Es wird dann zwar schon immer gesagt: "es geht nicht gegen dich", aber grundsätzlich finde ich es ja selber auch befremdlich, in der Schweiz mit fast nur deutschen Kollegen zu arbeiten."*

Bei kritischen Äusserungen über die "Gegenseite" muss es sich noch nicht gleich um Frontenbildungen oder Abschottungsprozesse handeln, sondern oft geht es nur um "Gespräche und Gelästere unter Gleichgesinnten". Über Lästern und generalisierende Abwertungen hinaus können solche Unterhaltungen unter Landsleuten aber auch zu differenzierten Problemanalysen führen, wenn etwa unterschiedliche kulturelle Vorstellungen über Arbeitsabläufe, Teambeziehungen und den Umgang der Vorgesetzten mit Mitarbeitenden diskutiert werden. Wichtig ist dann, dass die Möglichkeit besteht, Schwierigkeiten im gemischten Team mit Vorgesetzten anzusprechen. Am besten können solche "Feedbacks" mit Humor angebracht werden, damit sie das Gegenüber nicht verletzen, wie dies ein Schweizer Teilnehmer beschreibt: *"Ist wichtig, über die Unterschiede lachen zu können. Das Verhältnis von Deutschen und Schweizern ist bei uns überhaupt nicht konflikthaft und die Thematik unwichtig. Meine Erfahrungen im Arbeitsalltag zeigen grundsätzlich vorbehaltlose Zusammenarbeit."*

Für die Einschätzung des schweizerisch-deutschen Verhältnisses spielt es eine grosse Rolle, was man selbst als Schwierigkeit erlebt und als belastend einstuft. Ein deutschstämmiger Unternehmensberater z.B. deutet an, dass ihm ein *"friedliches Nebeneinanderherleben"*

eigentlich nicht reicht, dass er sich mehr unter einem positiven Arbeitsverhältnis vorstellt.
Andere deutsche Teilnehmende zeigen viel positiven Elan und haben die Hoffnung, dass sich die anfängliche Distanz mit der Zeit verringert: *"Ich will mir eigentlich keine Gedanken über das Verhältnis zwischen Schweizern und Deutschen am Arbeitsplatz machen müssen, sondern mit Schweizern tip-top an einer Sache oder in einer Sache zusammenarbeiten, und wünsche mir, dass aus Arbeitsbeziehungen auch echte Freundschaften werden!"*

Die verstärkte deutsche Zuwanderung führt zu Unmut auf Schweizerseite
Die verstärkte Zuwanderung aus unserem nördlichen Nachbarland wird von den teilnehmenden Schweizerinnen und Schweizer, aber sogar noch mehr von den befragten Deutschen mit Befürchtungen verbunden, dass dies negative Auswirkungen haben könnte, indem etwa der Konkurrenzdruck stärker wird und sich die Akzeptanz der deutschen Arbeitskräfte weiter vermindert. So sagt eine Schweizer Unternehmensberaterin: *"Bis vor zirka einem Jahr problemlos. Aber der massive Zuwachs verändert und ist negativ. Null Vorbereitung der Deutschen auf die Schweiz."* Ausserdem verringere sich durch den Zustrom das Bewusstseins der "Neuen" für das unterschiedliche kulturelle Setting in der Schweiz, wie eine Schweizer Projektleiterin aus der Versicherungsbranche beklagt: *"Viel mehr Deutsche als früher. Vor allem werden fast nur Deutsche eingestellt oder zu Gesprächen eingeladen. Teilweise bestehen ganze Abteilungen nur aus Deutschen. Das hat sehr negative Auswirkungen. Die neu gekommenen Deutschen benehmen sich auch anders als die, die schon ein paar Jahre hier sind."* Wenn sich Schweizerinnen und Schweizer derart an den Rand gedrängt fühlen, schotten sie sich oft ab.

Die wirtschaftliche Situation und der Mangel an spezifischen Ausbildungsprofilen in der Schweiz machte in den letzten Jahren die intensivierte Rekrutierung deutscher Arbeitskräfte notwendig. Für diese ist der schweizerische Arbeitsmarkt vergleichsweise attraktiv, da der Konkurrenzkampf nicht so ausgeprägt ist wie in Deutschland. Die Aussichten auf eine Anstellung mit angemessener Bezahlung und entsprechender Wertschätzung sind in der Schweiz ungleich höher (vgl.

Willmeroth/Hämmerli 2009). Über ihre Qualifizierung hinaus werden Deutsche auch geschätzt, weil sie oft eine fachlich andere Sichtweise einbringen. Dies hat dazu geführt, dass viele "Neue" gleichzeitig ihre Arbeit in der Schweiz aufnahmen und sich dadurch sowohl im Arbeits- als auch im Freizeitbereich mit anderen deutschen Neuankömmlingen bewegen. Dies verzögert in der Regel den Integrationsprozess aufgrund der geringeren Gelegenheiten zur Auseinandersetzung mit Inländern und kann so auch den Lernprozess bezüglich kultureller Differenzen behindern. Umgekehrt nehmen Schweizerinnen und Schweizer durch die sichtbare Zunahme von Deutschen Veränderungen in ihrem Arbeitsumfeld wahr, was mitunter zu Konkurrenzängsten und Ablehnung führen kann, die wiederum z.B. an Mentalitätsunterschieden festgemacht werden, wie die Aussage eines Schweizer Informatikers illustriert: *"Da wir immer zu wenig besetzte Stellen haben, kommen Deutsche immer mehr infrage, doch die Mentalität passt nicht in unser Team."* Wenn auf Schweizerseite Unmut aufkommt, kann dies auch Änderungen bei der Personalauswahl bewirken. Ein langjähriges deutsches Geschäftsleitungsmitglied aus dem Sozialbereich erwähnt, dass es von verschiedenen Seiten her Versuche gebe, *"Deutsche in neu zubesetzenden Kaderfunktionen zu verhindern"*.

Im Weiteren wird deutschen Vorgesetzten vorgehalten, dass sie bewusst Mitarbeitende in Deutschland rekrutierten, um von deren Bereitschaft zu Unterordnung und Leistung zu profitieren, was angesichts der höheren Löhne in der Schweiz auch prämiert werde, wie dies auch eine Schweizer Betriebswirtschafterin kritisiert: *"Es ist klar, dass deutsche Vorgesetzte nur noch deutsche Mitarbeiter einstellen und von weither hierher holen. Dabei könnte man für dieses Geld einem Schweizer die Chance geben. Die Deutschen kennen auch unser Schulsystem nicht (Berufslehre etc.) und rekrutieren daher Leute nur aus Universitäten, da sie nur dies kennen."*

Ein an der Rekrutierung aus Deutschland massgeblich beteiligter Personalverleiher meint, dass er in verschiedenen Betrieben habe beobachten können, dass Missstimmungen oder Konflikte nicht angegangen worden seien und dies zu destruktiven Polarisierungs- und Abschottungsprozessen geführt habe: *"Die Deutschen merken nicht, warum die Schweizer sich zurückziehen, und beklagen sich über Ausschluss und 'information hiding' [absichtliches Vorenthalten von In-*

formationen] (...). Als Schweizer mit deutschen Wurzeln hätte ich das nicht für möglich gehalten."
Ein aus Deutschland stammender Personalvermittler meint ebenfalls, dass eine gewisse Ernüchterung eingetreten sei, auch weil Deutsche ihm wiederholt von unangenehmen Erfahrungen in der Schweizer Öffentlichkeit, bis hin zu offenen rassistischen Anfeindungen, berichtet hätten und sich deshalb zweimal überlegen würden, ob sie ihre Kinder in der Schweiz einschulen lassen möchten.
Solche Erfahrungen geben zu denken und sind Anlass, das Verhältnis zwischen Deutschen und Schweizern gründlich zu reflektieren. Es gilt, unvoreingenommen Problempunkte anzugehen, um sie von beiden Seiten her aufzuarbeiten. Dabei darf aber auch das viele Positive in der Zusammenarbeit nicht übersehen werden.

3. GESAGTES ANDERS VERSTEHEN UND EMPFINDEN

Schweizer fühlen sich auf Hochdeutsch unterlegen
In der Kommunikation zwischen Deutschen und Schweizern gibt es nicht nur auf der Ebene des Wortverständnisses Differenzen, sondern auch in Bezug auf die Kommunikationsstile. Dazu kommen die unterschiedliche Sprachgewandtheit und das Sprachtempo, welche Irritation oder sogar Gefühle von Überlegenheit auf der einen Seite und von Minderwertigkeit auf der anderen erzeugen können. Deutschen wird ein direkterer Gesprächsstil attestiert, Schweizern ein eher diplomatischer und indirekter.
Zwar machen sich Schweizerinnen und Schweizer manchmal selber klein und passen sich sofort an, wenn sie mit Dialekt unkundigen Sprechern zu tun haben, doch erhält die deutsche Sprache im Arbeitsleben gleichzeitig eine zunehmend zentrale Rolle. Dies lässt sich an der folgenden Aussage ablesen: *"Generell klappt die Zusammenarbeit. Allerdings fühlen sich die Schweizer von den Deutschen 'überfahren'. Sitzungssprache ist Deutsch, was bedeutet, dass die Schweizer sprachlich unterlegen sind"*. Hier lässt sich erkennen, wie sich Mehrheits- und Minderheitsansprüche auf der Ebene der Kommunikation bemerkbar machen. So fühlen sich die Schweizerinnen und Schweizer oft genötigt, an Sitzungen aus Rücksicht auf ihre deut-

schen Teamkolleginnen und -kollegen Hochdeutsch zu sprechen. Doch besitzen sie meist nicht dieselbe Sprachgewandtheit, da die Standardsprache nicht ihre Muttersprache ist, wodurch Unterlegenheits- oder Minderwertigkeitsgefühle entstehen können. Der Dialekt wird von Schweizern als vertrauter, spontaner und emotionaler empfunden, und viele fühlen sich fremd oder ungelenk, wenn sie Hochdeutsch sprechen (vgl. Lüdi 2008:194f.).
Dementsprechend schwer fällt es ihnen, sich auszudrücken und ihren Standpunkt einzubringen (vgl. Johansen 2003:20). Deutsche beurteilen Schweizer, welche sich verbal nicht geschickt ausdrücken können, oft als weitschweifig, umständlich und unbeholfen. Dadurch nehmen sie deren Standpunkte auch weniger ernst oder fordern sie auf, auf den Punkt zu kommen, was Schweizer als erniedrigend empfinden. All dies kann zu Unterlegenheitsgefühlen auf Schweizerseite führen. Hinzu kommt, dass für Deutsche Mundart keine "richtige" Sprache ist, für Schweizer hingegen schon (vgl. Lüdi 2009:194). Dies hat damit zu tun, dass in der Schweiz die verschiedenen Dialekte einen hohen Identitätswert besitzen und in nahezu allen Bereichen des sozialen und gesellschaftlichen Lebens gesprochen werden, während in Deutschland Standardsprache und regionale Dialekte in einem anderen Verhältnis stehen.
Ins Gewicht kann auch das lautere und schnellere Sprechen von Deutschen fallen, was für Schweizer grossspurig und überfahrend klingen mag. Durch die Kürze der Sprechpausen etwa erscheinen Deutsche für Schweizer als Vielredner, während Schweizer von Deutschen als langsam und schwerfällig angesehen werden. Auch können Deutsche oft nicht nachvollziehen, welche Empfindungen Hochdeutsch bei Schweizern auslösen kann – dass es nämlich oft als hart, geschliffen, kantig, aus der Pistole geschossen und überheblich interpretiert wird. Wenn dann auch noch von solchen Bewertungen auf charakterliche Züge des Sprechenden geschlossen wird, fühlen sich viele Deutsche als arrogant abgestempelt.

Diplomatische Aussagen kommen bei Deutschen oft nicht richtig an
Umgekehrt bewirken die Verniedlichungsformen des Schweizerdeutschen und die abschwächenden Formulierungen mit "etwas" und

"vielleicht", dass die Schweizer Statements von Deutschen nicht ernst genommen oder falsch gedeutet werden.

Als Weg aus dieser Verständigungsschwierigkeit versuchen einzelne Deutsche, sich das Schweizerdeutsch anzueignen, einzelne Formulierungen einzuflechten oder ihrer Aussprache eine dialektale Färbung zu verleihen. Dies kann zwar mitunter zu einer besseren Akzeptanz führen, von der auch Süddeutsche oder Ostdeutsche, deren Aussprache von Schweizern als weniger hart und überheblich empfunden wird, berichten. Einige geben an, dass sich durch ihre sprachliche Annäherung ans Schweizerdeutsche die Distanz zu Schweizer Mitarbeitenden verringert habe. Doch laufen sie Gefahr, dass ihre Anpassungsleistung als unecht aufgenommen oder im schlimmsten Falle gar als Verulkung des Schweizerdeutschen Dialekts interpretiert wird.

Ein weiterer wichtiger Aspekt der Sprachgewandtheit zeigt sich im meist selbstbewussteren Auftreten von Deutschen, sei dies am Rednerpult, an Sitzungen oder bei Vorstellungsgesprächen. Hier attestieren ihnen viele Schweizerinnen und Schweizer, dass sie professionell auftreten, sich besser verkaufen können und auch beim Publikum besser ankommen als Schweizer. Allerdings wird ihnen auch angelastet, dass sie dabei mitunter etwas zu überzeugt von sich selbst oder ihren Projekten wirkten. Schweizern hingegen wird zugeschrieben, dass sie in der Regel nicht zu viel versprechen und objektiver argumentieren.

Bei Konflikten kommen unterschiedliche Kommunikationsmuster zwischen Keule und Wattehandschuhen zum Tragen

Insbesondere in Konfliktsituationen erschweren ungleiche Kommunikationsmuster eine Verständigung und Klärung auf der Beziehungsebene. Während Deutsche gewohnt sind, dass Unstimmigkeiten relativ direkt und unvermittelt angesprochen werden, reagieren Schweizer mitunter zurückhaltend. Die Aussage, *"das müsste man vielleicht etwas anders anschauen"*, wird von deutschen Gesprächspartnern oft nicht richtig entschlüsselt. Es wird eher als wenig relevantes Abwägen, aber kaum als Vorbehalt gegen einen Vorschlag oder gar dessen Ablehnung verstanden. Dass dies nicht nur eine Anfangsschwierigkeit ist, zeigt folgende Aussage eines deutschen CEO, der seit 16 Jahren in der Schweiz arbeitet: *"Bei Konfliktsituationen ist es für mich als Deutscher oft sehr schwierig, die Meinung des Schweizers zu erkennen."*

Solche Verständigungsprobleme werden von den Beteiligten als unbefriedigend erlebt: von den Schweizern, weil sie sich überrumpelt, unfair behandelt und vor den Kopf gestossen fühlen, von den Deutschen, weil sie das Gefühl haben, die Schweizer mit Wattehandschuhen anfassen zu müssen. Sie finden dies alles viel zu kompliziert und unnötig. Eine Schweizerin kommt zu folgendem Fazit: *"Während die Schweizer länger brauchen, um auf den Punkt zu kommen, schlagen Deutsche verbal um sich. Die Deutschen sind generell konfliktfähiger und unverblümter in ihren Aussagen. Schweizer sind generell rücksichtsvoller."*

Die Verarbeitung solcher Erfahrungen führt auf beiden Seiten zu vermehrter Vorsicht und Distanz, um derartige "Kulturkollisionen" zukünftig zu vermeiden. Da Schweizerinnen und Schweizer beim Ansprechen von Konflikten und beim Anbringen von Kritik meist ohnehin zurückhaltender sind, fällt das bei ihnen weniger auf als bei Deutschen, welche, indem sie sich selbst zurücknehmen, auch an Spontaneität und Authentizität einbüssen. So schrieb eine deutsche Architektin, die seit einem Jahr in der Schweiz arbeitet: *"Ich bin in der Phase, verbal sehr vorsichtig zu sein und lieber den Mund zu halten, als etwas Falsches (zu Direktes) zu sagen."*

Das Anbringen von Kritik scheint in Deutschland eher direkt und unmissverständlich, in der Schweiz eher über indirekte Botschaften zu erfolgen. Durch verständnisvolle Erkundigungen, z.B. über die Ursachen erfolgter Unterlassungen oder Verspätungen, wird dem "Gegenüber" ein Spielraum gelassen, um sein Gesicht zu wahren und den Sachverhalt zu klären respektive sich dafür zu entschuldigen (vgl. Willmeroth/Hämmerli 2009). Diese indirekte Art klingt für neue deutsche Arbeitnehmende oft harmlos und gar nicht als Rüffel. Umgekehrt können sich Schweizerinnen und Schweizer mitunter brüskiert fühlen, wenn Deutsche ihre Kritik offen anbringen. *"Da wir dies ja auch nicht machen, erstaunt es umso mehr, dass es andere machen"*, wie es eine Schweizer Raumplanerin ausdrückt.

Der unterschiedliche Umgang mit Kritik kann somit erstens auf beiden Seiten gravierende Fehlinterpretationen bewirken und zweitens auch gegenseitige Abwertungen nach sich ziehen, weil der "andere" Kritikstil als "unter jeder Würde" respektive als "schwammig und feige" disqualifiziert wird. Hierzu die Stellungnahme eines französischen Prokuristen, der seit über zehn Jahren im Schweizer Finanzwe-

sen arbeitet: *"Die Deutschen sind sehr direkt, was eine klare, zielorientierte Kommunikation ermöglicht. Hingegen scheinen mir die Schweizer (weil sie auch unter einer zu starken Konsensorientierung leiden) nie wirklich direkt kommunizieren zu können."*
So bleibt Manches unausgesprochen, was unter Umständen längst hätte auf den Tisch gebracht werden müssen. Einige Deutsche kritisieren das Kommunikationsverhalten der Schweizer auch als unentschieden und intransparent, denn es werde nicht klar, wann ein „Ja" ein „Ja" bedeute. Ausserdem können ihre besonnene und diplomatische Art sowie ihr Hang zur Konsenssuche mitunter auch notwendig Entscheidungen verzögern. Dennoch wird den Schweizern mehrheitlich zugutegehalten, dass sie durch ihre Zurückhaltung auch Ruhe und Gelassenheit ins Team bringen, was sich positiv auf die Arbeitsatmosphäre auswirkt.

Missverständnisse verlangen nach Klärung, sonst erzeugen sie Unsicherheit und Distanz
Solange die kommunikativen Unterschiede unausgesprochen bleiben, hemmen sie eine echte Zusammenarbeit. An der Oberfläche kann sie zwar durchaus funktionieren, doch können sich darunter negative Emotionen anstauen. Durch wiederholte Missverständnisse wird Unsicherheit und Distanz erzeugt.
Eine Schweizer Werbefachfrau bemerkt: *"Abgesehen von ein paar Fäusten in den Säcken der Schweizer und hin und wieder einem Achselzucken der Deutschen läuft die Zusammenarbeit grundsätzlich gut."* Phänomene wie "Fäuste im Sack" und "Achselzucken" deuten auf angestaute Wut, Frustration und Resignation – Determinanten, die wohl kaum als Merkmale einer positiven und produktiven Arbeitsatmosphäre bewertet werden können. Symptomatisch für solche Schwierigkeiten auf der Beziehungsebene ist, dass entsprechende Wahrnehmungen und Zuschreibungen meistens nur mit Gleichgesinnten, nicht aber mit den direkt Betroffenen besprochen werden. Kommunikationsprobleme führen dann über kurz oder lang zu Gruppenbildungs- und Abschottungsprozessen. Gewinnt eine der beiden Gruppen an Gewicht und Einfluss, so gerät die andere unter Druck und fühlt sich bedroht, verschanzt sich oder verlässt das Unternehmen sogar.

Weil es so heikel ist, Kommunikationsdifferenzen sowie die daraus resultierenden Beziehungsprobleme anzusprechen, übernehmen die länger anwesenden Deutschen sehr häufig eine Vermittlerrolle, indem sie die neuen Deutschen auf schweizerische Gesprächsgepflogenheiten und Umgangsformen sowie mögliche Unverträglichkeiten aufmerksam machen. Gleichzeitig ermuntern sie die Schweizer, klarer Stellung zu beziehen; oder wie es eine deutsche Informatikerin ausdrückt: *"Im Team habe ich so eine Art 'Vermittlerrolle' – ich versuche den Deutschen klarzumachen, warum sie anecken, und den Schweizern, dass sie sich direkter äussern sollen."* In einigen Fällen übernehmen aber auch Schweizer diese Rolle, vor allem wenn sie zu Deutschen aufgrund privater Freundschaften oder Partnerschaften ein engeres Verhältnis haben und wissen, wie sie empfindliche Themen auf unkomplizierte Art und Weise ansprechen können.

Kundenkontakte erfordern von Deutschen eingehende Konjunktivkenntnisse
Ein weiteres Kommunikationsfeld, in welchem Schwierigkeiten auftauchen können, stellen Kundenkontakte dar. Hier kann zum Beispiel im Telefonverkauf das Hochdeutsche potenziellen Schweizer Kundeninnen und Kunden als zu geschliffen oder als aggressives Hausierertum erscheinen, weshalb ein Abbruch des Gesprächs leichter fällt. Neben solchen rein sprachlichen Negativeffekten werden auch Unterschiede beim Beziehungsaufbau erwähnt. Willmeroth und Hämmerli (2009) weisen in diesem Zusammenhang auf die Unterschiede beim Kontaktaufbau am Telefon hin, wo in Deutschland direkte Formulierungen und knappe Auskünfte nicht als unhöflich gelten, während in der Schweiz Wert auf Smalltalk und höfliche Konjunktivformen gelegt werde.
Analog dazu können solche negativen Effekte auch bei Vertragsabschlüssen ins Gewicht fallen, da es schwieriger wird, Verbindlichkeit herzustellen. So meint etwa ein Schweizer Personalvermittler, dass er vorsichtig mit der Platzierung von deutschen Arbeitskräften geworden sei, weil es wiederholt Probleme mit Kundenbeziehungen gegeben habe: *"Die Deutschen haben uns schon einiges an Aufträgen gekostet."*
Ebenso können Probleme aufgrund unterschiedlicher Rollenverständnisse oder Berufsauffassungen entstehen, etwa wenn Patientinnen

und Patienten für schweizerische Verhältnisse nicht adäquat behandelt werden, oder von Angestellten einer Gemeindeverwaltung Kenntnisse über den spezifischen lokalen Kontext und das politische System erwartet werden. Hier scheinen auch Unterschiede im Verhältnis von Bürger und Staat in Deutschland und der Schweiz zum Tragen zu kommen. So beklagt etwa ein leitender Angestellter einer Stadtverwaltung: *"Im öffentlichen Bereich arbeitende Deutsche haben oft keinen den hiesigen Verhältnissen entsprechenden Umgang mit 'Kundschaft' und behandeln Klienten herablassend und als Bittsteller."* Derartige Wahrnehmungen auf Schweizerseite müssen im Zusammenhang mit ihrer "kulturellen Brille" gesehen werden, d.h., dass höfliche Kommunikation sich durch Konjunktivformen sowie indirekte und vage Formulierungen auszeichnet. Deutsche Kommunikationsformen werden dann als Defizit auf der Beziehungsebene, als mangelndes Interesse am Gegenüber, fehlende Einfühlungsbereitschaft oder undifferenziertes Abfertigen interpretiert. Solche unterschiedlichen Wertungen wirken sich im Gesundheitsbereich besonders gravierend aus. Hier wurde verschiedentlich von Patientenreklamationen berichtet, eine Physiotherapeutin mit D/CH-Doppelpass z.B. sagt: *"Auch von den Patienten höre ich, dass sie nicht happy sind über den Ton, wie mit ihnen umgegangen wird, da sind sie oft nicht sehr einfühlsam."*

Daraus lässt sich folgern, dass neue deutsche Mitarbeitende gründlich auf ihr neues Arbeitsfeld in der Schweiz vorbereitet werden müssen, damit sie über genügend Kontextkenntnisse verfügen und ihr Verhalten, wenn nötig, anpassen können, wie nachfolgende Aussage einer deutschen Pflegefachfrau. welche seit 15 Jahren in einem Schweizer Krankenhaus arbeitet, veranschaulicht: *"Die offene und respektvolle Art hat mich sehr geprägt. Ich würde von mir behaupten, dass ich diese Art Kommunikation übernommen habe. In Deutschland beherrscht oft ein viel rauerer und negativ besetzter Ton die Arbeit."*

Optimale Mischung der beiden Kommunikationsstile, um einen neuen Umgang miteinander zu finden
Im Allgemeinen schätzen die deutschen Teilnehmenden die Arbeitsatmosphäre in der Schweiz und würden sie nicht missen wollen. Zwar könne die "Konflikt- und Beisshemmung" einerseits verhindern, dass

wichtige Probleme auf den Tisch gebracht werden, doch trage die Schweizer Art des Ansprechens von Meinungsunterschieden oder Konflikten mittels Konjunktivform ("Könnte es sein, dass...?") zu einem respektvollen Umgang und einer besseren Teamverträglichkeit bei. Dadurch werde ein Zusammenspiel gefördert, das weniger auf Konkurrenz als vielmehr auf Kooperation und fachlicher Ergänzung basiere.

Im besten Falle kann das Abwägen zwischen Vor- und Nachteilen der beiden unterschiedlichen Kommunikationstypen zur differenzierten Synthese und einer optimalen Mischung beider Eigenschaften führen. So wird dem schweizerischen Kommunikationsstil Unentschlossenheit und dem deutschen Stil zu schnelles und wenig fundiertes Handeln vorgeworfen. Letzterem wird ein stärkerer Elan zur schnellen Umsetzung von Massnahmen zugutegehalten, während andererseits geäussert wird, dass die *"Konsensfähigkeit der Schweizer (...) aber auch die Chance (beinhaltet), sich immer wieder neu zu erfinden und sich nicht überzustrukturieren"*, wie es ein deutsch-schweizerischer Bereichsleiter aus der IT-Branche formuliert. Auf Schweizerseite fordert eine Raumplanerin einen Lernprozess, um einen neuen Konflikthabitus zu generieren: *"Deutsche sagen ihre Meinung und Kritik schnell und direkt. Wäre für die Unternehmenskultur wohl ein Vorteil, wenn wir Schweizer damit besser umgehen könnten."* Aus einer solchen konstruktiven Integration beider Stile mit innovativen Elementen könnte folglich ein Marktvorteil für die Zukunft erwachsen, ohne dass die Teamorientierung und das angenehme Arbeitsklima über Bord geworfen werden müssten

4. UNTERSCHIEDLICHE FÜHRUNGSSTILE

Deutsche in der Schweiz bewegen sich in einem interkulturellen Kontext, auch wenn man sich sprachlich (scheinbar) versteht
In interkulturellen Kontexten – und beim Verhältnis zwischen Schweizer und deutschen Beschäftigten muss von einem solchen Kontext gesprochen werden – gilt es, den Regeln der Kooperation und sanktionierten Formen der Interaktion und Kommunikation, dem Führungsstil und der Leistungsbewertung sowie dem Ausdruck von Respekt und Akzeptanz von Hierarchie besondere Beachtung zu schenken. Diese Dimensionen unterliegen kulturspezifischen Ausprägungen (vgl. Schneider/Basoux 1997). Sie sind den Akteuren in neuen beziehungsweise fremdkulturellen Situationen meist nicht bekannt und müssen durch eigene, oftmals schmerzhafte Lernprozesse erworben werden (vgl. Schwegler 2008).

In unserer Befragung versuchten wir nun zu ergründen, ob in der Schweiz und in Deutschland unterschiedlich geführt wird. Erstaunlicherweise bejahten ebenso viele Deutsche wie Schweizer solche Unterschiede im Führungsstil. Eine deutsche Oberärztin, die seit drei Jahren in der Schweiz arbeitet, nahm grosse Differenzen im Umgang mit Vorgesetzten wahr: *"In der Schweiz gibt es viel flachere Hierarchien im Spital als in Deutschland. Einen Chefarzt zu 'duzen', wie es hier üblich ist, wäre in Deutschland undenkbar gewesen."* An dieser Stelle gilt es allerdings anzumerken, dass solche Aussagen nicht allzu sehr verallgemeinert werden dürfen, denn Führungsstile variieren von Führungskraft zu Führungskraft und von Unternehmen zu Unternehmen. So gibt es auch in der Schweiz ein ganzes Spektrum unterschiedlicher Unternehmenskulturen. Dennoch bleibt zu konstatieren, dass offensichtlich Unterschiede vorliegen, die sowohl von Schweizerinnen und Schweizern als auch von Deutschen festgestellt werden.

Ein Merkmal dieser unterschiedlichen Unternehmenskulturen scheint auch im Austragen von hierarchiegeprägten Konflikten zu bestehen. So zeigen deutsche Unternehmen gegenüber Schweizer Firmen einen spezifischen Umgang in der Leitungsgruppe. Wie mehrere Teilnehmende unserer Online-Befragung berichten, würden sich deutsche Vorgesetzte durch eine offenere und direktere Streitkultur auszuzeichnen. Diese wird auch als "Crash-Konfliktaustragung" bezeichnet und setzt bei den Beteiligten voraus, dass sie auch mit herber Kritik umgehen können, darüberstehen und Unverletzlichkeit demonstrieren. Dabei geht es um Markierung, Abgrenzung und Territorialität, ein gegenseitiges Kräftemessen und Übertrumpfen, kurz: In den weitgehend von Männern dominierten deutschen Unternehmen herrscht eine Art verfeinerter "Machismo". Für inländische Leitungsmitglieder ist es oft nicht einfach, die hier verwendeten Codes richtig zu entschlüsseln und dem Kräftemessen standzuhalten, zumal es in Schweizer Unternehmenskulturen meist verpönt ist, konfrontativ aufzutreten oder Loyalitäten infrage zu stellen. Dazu kommt, dass die Gewerkschaften in der Schweiz eine weitaus geringere Rolle spielen als in Deutschland, und eine Streikkultur völlig fehlt, was zu unterschiedlichen Konfliktaustragungs- und Lösungsweisen geführt hat.

Gegensätzliche Führungsstile erzeugen Unstimmigkeiten zwischen Team und Vorgesetzten
Schweizer Vorgesetzten bescheinigten sowohl schweizerische als auch deutsche Teilnehmende einen zurückhaltenden Führungsstil und mehr Teamfähigkeit, während der Habitus der deutschen Vorgesetzten oftmals als hierarchisch und wenig diplomatisch beschrieben wird. Wenn eine neue deutsche Führungskraft in der Schweiz ihre Arbeit aufnimmt, besteht für sie die Gefahr, dass sie die Schweizer Mitarbeitenden zu wenig einbezieht und zu wenig als "Partner" behandelt (Schmitz/van den Bergh 2009:60). Dazu kommt, dass die Schweizerinnen und Schweizer meist überzeugt sind, dass ihr Führungsstil der bessere sei, indem er mehr Freiraum und Partizipation gewährt und die Mitarbeitenden sich dadurch kreativer und verantwortungsbewusster einbringen. Dadurch entsteht ein besseres Arbeitsklima, wie eine Schweizer Unternehmensberaterin bestätigt: *"Der Schweizer Führungsstil ist teamorientiert und zukunftsweisender als der deutsche. Bessere Arbeitsergebnisse und -atmosphäre."*
Zudem wird von deutschen Chefs eine Anpassung an den Schweizer Habitus erwartet, nach dem Motto: "When in Rome, do as the Romans do." Dies ist aber einfacher gesagt als getan, denn zum einen fehlt oft das Bewusstsein für die Unterschiede, und zum anderen stört die Selbstüberzeugung vieler Vorgesetzten ihre Wahrnehmung der Reaktionen ihres Teams.
In der Regel steht es Mitarbeitenden auch nicht zu, ihren Vorgesetzten ein Feedback zu geben und sich offen zu deren Verhalten zu äus-

sern. Somit erfolgt die Kritik meist unter Gleichgestellten, hinter dem Rücken der Vorgesetzten. Solche Kommentare sind oft wenig sachlich und zementieren Vorbehalte, wie die nachfolgende Aussage einer Schweizer Betriebswirtin zeigt: *"Die deutschen Vorgesetzten hören sich gerne selber reden und sind sehr von sich überzeugt."* Eine Schweizer Forschungsassistentin erkennt, dass solche Urteile in ihrem Hochschulteam zu falschen Verallgemeinerungen verleiten: *"Der oberste Chef (Deutscher) ist hart, direkt, narzisstisch und selbstherrlich, sowie auf einer persönlichen Ebene verletzend. Dies wird von vielen Schweizer Untergebenen irrtümlich als typisch deutsch wahrgenommen."*

Nun aber zurück zu der Frage, ob sich wirklich unterschiedliche Führungsstile ausmachen lassen. Zu diesem Zweck unterbreiteten wir den Befragten eine Liste von Modi des Führungsverhaltens, welche sie den beiden Nationalitäten zuordnen sollten. Dadurch unterstützten wir bewusst kategorisierende Zuschreibungen.

Die Ergebnisse zeigen zwei ganz unterschiedliche "Phänotypen" von Führungsstilen, nämlich auf der einen Seite den "teamorientierten CH-Führungsstil", der versucht, die Bedürfnisse und Interessen der Mitarbeitenden zu integrieren, flache Hierarchien und Teamwork in den Vordergrund stellt, Mitwirkungs- und Mitbestimmungsmöglichkeiten gewährt und auf die Bedürfnisse der Mitarbeitenden Rücksicht nimmt; und auf der anderen Seite den "direktiven D-Führungsstil" mit klaren, unmissverständlichen Anweisungen, Druck auf die Mitarbeitenden und engen zeitlichen Vorgaben. Hier stehen Ehrgeiz und Karrieredenken sowie Alleingang im Vordergrund. Die von Hierarchiedenken geprägte Organisationskultur führt dazu, dass aufgrund der Furcht vor den eigenen Vorgesetzten der Druck nach unten weitergegeben wird, Einwände von Mitarbeitenden werden bei diesem autoritären Führungsstil übergangen.

Der "direktive D-Führungsstil" zeichnet sich prozentual zwar nicht ganz so deutlich ab wie der "teamorientierte CH-Führungsstil", aber interessanterweise unterscheiden sich die Schweizer und die deutschen Teilnehmenden in ihrem Antwortverhalten nur unwesentlich. Beide urteilen positiv über den Schweizer Führungsstil und sehr kritisch über den deutschen Führungsstil. Auch wenn zu vermuten ist, dass die Bewertung der Deutschen teilweise aufgrund verinnerlichter Stereotypisierungen entstanden ist, ist das Resultat doch ernst zu nehmen. Im Hinblick auf das Thema Führung scheint es also in der Berufsrealität deutliche Unterschiede zwischen Deutschland und der Schweiz zu geben. Im Vordergrund stehen dabei die beiden Dimensionen Hierarchiedenken und Mitbestimmung, und es scheint, dass sowohl Schweizerinnen und Schweizer als auch Deutsche den "teamorientierten CH-Führungsstil" bevorzugen.

Wenn Mitwirkungswünsche als Angriff auf den Vorgesetztenstatus empfunden werden
Zu Konflikten kommt es dann, wenn direktive deutsche Führungskräfte unvorbereitet auf mitwirkungsgewohnte Schweizer Mitarbeitende treffen. In diesem Fall ergeben sich zwangsläufig auf beiden Seiten Frustrationen. Denn während das Schweizer Team eine Anpassungsleistung des oder der Vorgesetzten an den "CH-Führungshabitus" erwartet und ihre angestammten Rechte und Freiheiten einfordert, verfährt die neue deutsche Führungskraft wie gewohnt durchsetzungsorientiert. Schenkt sie den Forderungen der Schweizer Mitarbeitenden kein Gehör, weil diese beispielsweise als Angriff auf den eigenen Vorgesetztenstatus empfunden werden, kann dies in einen Teufelskreis bis hin zu "information hiding" und Mobbing führen. Ein deutscher Chefarzt klagt: *"Informationen werden vorenthalten. Entscheidungen werden nicht mitgetragen bzw. boykottiert."* Ein solches Gegeneinander kann destruktiv und langwierig werden, wenn die Schweizer Teammitglieder in einer rebellischen Verweigerungshaltung verharren und der oder die neue deutsche Vorgesetzte den Druck über eine autoritäre Durchsetzungshaltung verstärkt.
Eine deutsche Wirtschaftsingenieurin erläutert ihre Erfahrungen an einer Hochschule folgendermassen: *"Solange die Vorgesetzten Schweizer sind, ist es aus meiner Sicht problemlos. Da kenne ich nur gegenseitigen Respekt und Anpassungen. Schwierigkeiten habe ich erlebt, wenn deutsche Vorgesetzte neue Wertvorstellungen zugrunde legen, die das Team so nicht sieht. Vielleicht ist es in Deutschland üblicher, Mitarbeitern mit mehr Misstrauen und weniger Respekt zu begegnen bzw. weniger Mitdenken zuzutrauen."*
An Vorgesetzte werden hohe Massstäbe angelegt: Unterstellte sollen einbezogen und ernstgenommen, die eigene Person hingegen nicht so stark ins Zentrum gestellt werden. Deutschen Führungskräften, die neu in der Schweiz sind, sind diese Ansprüche "von unten" aber meist

gar nicht bewusst, ihre Konzentration richtet sich vielmehr auf die Erwartungen "von oben". Wenn sie deshalb "von unten" mit der aktiven oder passiven Einforderung der bisher üblichen Massstäbe konfrontiert werden, kann sie dies verunsichern, wenn nicht gar herausfordern. *"Wenn der Teamleiter Deutscher ist und die Teammitglieder Schweizer, dann gibt es mehr Unstimmigkeiten bei den Teammitgliedern. Sie nehmen den Teamleiter nicht ernst, da er nicht so genau ist, in Bezug auf Termine und Projekte"*, meint eine deutsche Sachbearbeiterin aus der Automobilbranche. Die Aussage, dass die Mitarbeitenden den Teamleiter nicht ernst nehmen, lässt darauf schliessen, dass sie diesem seine Kompetenz absprechen und kein Vertrauen in ihn haben. Dass die tiefer liegenden Konflikte über unrealistische Terminvorstellungen und Projektplanung abgehandelt werden, zeigt, dass ihm die Professionalität (oder das Können) auf der Sachebene abgesprochen wird.

Es scheint zudem symptomatisch, dass solche Missstimmungen aufgrund der Hierarchie nicht offen angesprochen werden können und folglich auf die Sachebene übertragen werden. Indem Schweizer Mitarbeitende das Projektmanagement infrage stellen, treffen sie ihren deutschen Vorgesetzten vermutlich empfindlich in dessen professionellem Selbstverständnis. Gleichzeitig vermeiden sie die persönliche Kritik.

Wie Abwertungsprozesse auch in umgekehrter Richtung laufen können, formuliert ein Schweizer Bereichsleiter aus dem Gesundheitswesen: *"Deutsche haben öfters den Anspruch, sehr schnell zu wissen, wie etwas ist oder zu sein hat und dabei die Komplexität zu schnell einzuschränken und damit die Schweizer vor den Kopf zu stossen und ihre Fähigkeiten, im Rahmen konsensorientierter Prozesse ausgewogenere Lösungen mit mehr Akzeptanz zu finden, abzuwerten."*

Für Vorgesetzte sind kritische Selbstreflexion und der Erwerb von Soft Skills angesagt

Wie entstehen solche unterschiedlichen Auffassungen von Führung? Das Verständnis von Führung und Autorität ebenso wie dasjenige von Teamfähigkeit und Konsens wird durch das kulturelle Umfeld, aber auch durch individuelle Prägungen geformt. Die vorgefundenen Unterschiede, was unter guter Führung verstanden wird, legen nahe, dass in Deutschland und in der Schweiz andere Skills oder Fähigkeiten erlernt werden. Die Qualitäten, die deutsche Führungskräfte im Laufe ihrer Karriere in Deutschland zu lernen scheinen, bestehen eher darin, eigenständig und schnell Entscheidungen zu treffen und umzusetzen, weitgehend ohne andere Sichtweisen zu berücksichtigen. Solche antrainierten und verinnerlichten Kompetenzen zu reflektieren, zu hinterfragen und allenfalls abzulegen, erfordert die Fähigkeit zu Selbstkritik, Flexibilität und Lernbereitschaft. Doch gerade diese Lernfähigkeit wird in unserer Umfrage deutschen Vorgesetzten wiederholt abgesprochen. Es ist von "Stolz" die Rede, von Selbstüberzeugung und von Hierarchiegläubigkeit, oder wie eine Westschweizer Versicherungsfachfrau meint: *"Für Deutsche ist Hierarchie noch wichtiger als für Deutschschweizer."* Dies führe dazu, dass deutsche Vorgesetzte deutsche Mitarbeitende bevorzugen, da diese ihnen eher folgen, während sich Schweizer Mitarbeitende eher zu Schweizer Vorgesetzten hingezogen fühlen.

Auch umgekehrt kommt es zu Kritik und Abwertungen, wenn Schweizer Vorgesetzten von deutschen Mitarbeitenden vorgeworfen wird, dass ihr Führungsstil unklar, zu offen und "lasch" sei, oder dass zu viel Zeit für die Konsensfindung im Team eingesetzt wird. In der Schweiz würden sogenannte Soft Skills mehr zählen, weshalb *"Schweizer Chefs ihre Kritik häufig in Watte verpacken"* und *"mehr in Beziehungen investieren"*. Ausserdem stelle die ausgeprägte Konsenskultur in der Schweiz für deutsche Vorgesetzte und Mitarbeitende oft eine Geduldsprobe dar: *"Es muss auch der 'Hinterste und Letzte' immer alles gut und richtig finden"* oder *"die Räder drehen sich langsamer als in Deutschland"*. Auch dass direkte Kritik von Schweizern oft als verletzend empfunden wird, stellt deutsche Vorgesetzte vor eine Herausforderung: *"Kritik wird oft persönlich genommen, obwohl sie fachlich gemeint und auch entsprechend angebracht wurde."*

Länger anwesende deutsche Mitarbeitende geben mehrheitlich dem Schweizer Führungsstil den Vorzug, weil sie den Freiraum und die kollegiale Arbeitsatmosphäre schätzen gelernt haben. Einige deutsche Teilnehmende bringen ihre Befürchtung zum Ausdruck, dass aufgrund der starken Zunahme von deutschen Führungskräften in der Schweiz sich deren Führungsstil durchsetzen wird, wie dies ein deutscher Wissenschaftler bekundet: *"Ich vermute, dass – sofern der*

Trend anhält – sich eher die Schweizer den Deutschen anpassen als umgekehrt. Viele Führungspositionen sind bereits von Deutschen besetzt."

Auch andere beschreiben, dass sich die Unternehmenskultur verändert, hierarchische Führung zunimmt und die Eigenverantwortung sinkt. Deutsche Führungskräfte hätten das Übergewicht und Schweizer Mitarbeitende würden sich überrannt fühlen.

Im Kontakt mit ausländischen Kolleginnen und Kollegen oder Vorgesetzten empfiehlt es sich zu hinterfragen, ob Ursachendeutungen für allfällige Konflikte genügend differenziert oder eher in Form von Pauschalisierungen erfolgen. Verallgemeinernde Urteile sind eher als ein Ausdruck von Frustration und/oder Feindseligkeit zu verstehen. Eine selektive Wahrnehmung, die regelmässig bei konflikthaften Situationen festzustellen ist, kann die Problematisierung des schweizerisch-deutschen Verhältnisses übermässig verstärken. Dies formuliert eine deutsche Pflegefachfrau, welche als Vorgesetzte schon seit über zehn Jahren in Schweizer Kliniken arbeitet sehr treffend: *"Ich sehe, dass es jeweils auf die Person ankommt. Generell schätze ich die Höflichkeit, gleichwohl kenne ich mindestens genauso viele Schweizer, denen dies nicht nachgesagt werden kann. Der Faktor der selektiven Wahrnehmung sollte berücksichtigt werden. Negative Erfahrungen haben nicht unbedingt mit der Nationalität zu tun, sondern mit den Persönlichkeitszügen, welche nicht wirklich verallgemeinert werden können."*

An dieser Stelle soll auch von positiven Erfahrungen die Rede sein. So berichten viele deutsche Teilnehmende, dass sie die Teamorientierung in der Schweiz sehr schätzen und sie von ihren Vorgesetzten viel Anerkennung und Bestätigung erhalten, mehr als dies in Deutschland üblich sei. Ein deutscher Erziehungswissenschaftler etwa berichtet, dass sein Schweizer Teamleiter ihn abends immer ermahne, nicht mehr zu lange im Büro weiterzuarbeiten, während er in Deutschland oft die umgekehrte Erfahrung gemacht habe. In der Schweiz werde mehr auf die Verstärkung der eigenen Motivation und weniger auf äussere Arbeitsanreize und Kontrolle gesetzt. Fremdbestimmung werde vielmehr als Selbstverantwortungshemmer und Kreativitätskiller gesehen.

Der rücksichtsvollere Umgang mit Mitarbeitenden muss auch in Zusammenhang mit der unterschiedlichen Arbeitsmarktsituation in den beiden Ländern gesehen werden, wie in der Formulierung eines Schweizer Ingenieurs deutlich wird: *"Der Schweizer ist nicht so angewiesen auf einen Job wie die Deutschen. Dadurch kann man nicht so mit dem Mitarbeiter umgehen wie in Deutschland."*

Dann ist da noch der Geschlechteraspekt ...
Ein weiterer Unterschied wird im Umgang mit Frauen in Führungspositionen gesehen. Eine deutsche Ärztin fasst ihre Erfahrungen in Schweizer Kliniken folgendermassen zusammen: *"Aus meiner Sicht haben Schweizer Männer Probleme damit, wenn Frauen kompetenter und durchsetzungsfähiger sind als sie selber."*
Auch Willmeroth/Hämmerli (2009) haben solche Probleme bei deutschen weiblichen Führungskräften festgestellt: Frauen haben in den Führungsetagen in der Schweiz immer noch Seltenheitswert, und sind weniger häufig anzutreffen als in Deutschland. Eine deutsche Vorgesetzte ist deshalb für einen Schweizer Mitarbeiter doppelt gewöhnungsbedürftig, da sowohl der Genderaspekt als auch das mitunter kulturell geprägte Kommunikations- und Verhaltensrepertoire Skepsis bis verhaltene Ablehnung erzeugen können. Hier können sich folglich Schwierigkeiten überlappen oder kumulieren, wenn eine unterschiedliche Betriebskultur und verschiedene Führungsstile, ein anderes Berufsverständnis und Gleichstellungskonflikte zusammenkommen.
Ein weiterer Aspekt aufseiten der Männer ist die sogenannte Ellbogenkultur, welche Deutschen zugeschrieben wird. Diese erfordert von den Beteiligten auf der einen Seite eine dicke Haut, um Kritik und Seitenhiebe einzustecken, ohne sich ins Bockshorn jagen zu lassen. Auf der anderen Seite setzt es auch die Fähigkeit voraus, andere durch geschickte Schachzüge, indirekte Herabsetzungen oder Inkompetenzvorwürfe zu degradieren, um die eigene Stellung und Autorität zu sichern. Solche Auseinandersetzungen können zum Teil auf hohem intellektuellen Niveau ausgetragen werden, wie uns einzelne deutsche Teilnehmende berichteten, indem feine Codes und Botschaften verwendet werden, welche nur von Eingeweihten entschlüsselt werden können. Diese Art von intellektuellem Hahnenkampf stellt eine Form von 'Machismo' dar, wird doch damit eine Rangordnung definiert und Unterordnung eingefordert.

Auf Schweizerseite hingegen gibt es eher Formen von männerbündischem Verhalten, welches ebenfalls über spezifische Kanäle und Botschaften läuft. So kann in einzelnen Unternehmen der militärische Grad, welcher in einem Milizsystem mit allgemeinem Dienstzwang für alle einen verbindlichen Wert darstellt, ein Beförderungsmotiv oder umgekehrt ein Karrierehindernis darstellen. Solche althergebrachten Werte werden nun jedoch durch die Internationalisierung und Durchmischung der Belegschaft obsolet und verlieren sukzessive an Bedeutung. Sie können nun sogar einen Nachteil bei Stellenbesetzungen darstellen, fehlt doch ein militärisch ranghoher Mitarbeiter mehrere Wochen pro Jahr für militärische Wiederholungskurse an seinem Arbeitsplatz. Und die angebliche Führungskompetenz, die durch solche Wehreinsätze erworben wird, stösst ebenfalls auf eine stetig abnehmende Anerkennung im privatwirtschaftlichen Personalmanagement. Dafür bestehen andere informelle und organisierte Beziehungsnetze von Männern, wie etwa Zünfte, Clubs und Vereinigungen unbeschadet weiter. Dies alles führt dazu, dass auf schweizerischen Führungsetagen Männerhierarchien und –loyalitäten fortbestehen und nun in der Zusammenarbeit mit ausländischen Managern mit andersartigen Umgangsformen und -codes konfrontiert werden.

Sowohl Deutsche als auch Schweizer müssen ihr Verständnis von Führung überdenken und sich einander annähern
Teamorientierung setzt in erster Linie auf Sozialverträglichkeit, und dazu gehört ein konstruktiver Umgang unter den Teammitgliedern und mit der Leitung. Die Akzeptanz der Teamleitung ist die Voraussetzung dafür, dass ein guter Teamgeist entstehen kann, sonst kommt es zu Störungen sowohl auf der Beziehungsebene als auch auf der Arbeitsebene. Wir erfragten deshalb Indikatoren für Spannungen im schweizerisch-deutschen Verhältnis. An erster Stelle werden Misstrauen und Voreingenommenheit genannt, gefolgt von Seilschaften und Bevorzugung sowie Frontenbildung und Abschottung. Misstrauen kann das Ausführen von Arbeitsaufträgen stark beeinflussen, da dann die für eine gute Kooperation notwendige Einsicht und grundsätzliche Übereinstimmung fehlt. Eine im Spital tätige Schweizer Therapeutin sagt: *"Entscheide werden öfters auf der Grundlage von Missverständnissen gefällt, da Deutsche viel weniger nachfragen, keine Zeit dafür einräumen bzw. nicht auf die Idee kommen, dass sie-*

eventuell etwas falsch verstanden haben könnten. Ich bin misstrauischer u. verschlossener geworden; überprüfe deren Entscheide nochmals, bevor ich sie ausführe, da häufig nur kurzfristige Konsequenzen bedacht werden." In diesem Fall führt das fehlende Vertrauen in die Kompetenz des Vorgesetzten zu einem Nachprüfen seiner Anweisungen. Werden dann noch Fehler aufgespürt und ihm unter die Nase gehalten, kommt es sehr darauf an, wie er mit solchen Vorwürfen umgehen kann.

Ein Schweizer Forschungsassistent zieht die Schlussfolgerung: *"Ich denke, man sollte sich gegenseitig anpassen und einen gemeinsamen Führungsstil kreieren, sonst stösst man den einen oder anderen vor den Kopf."* Wichtig ist folglich, dass Diskrepanzen aufgrund der unterschiedlichen Führungsstile in den Unternehmen und Institutionen nicht zu Grabenkämpfen führen. Sie müssen wahrgenommen und angesprochen werden, damit auch in den Abteilungen und Teams eine konstruktive Auseinandersetzung stattfinden kann, die wiederum einen gegenseitigen Annäherungsprozess zwischen Vorgesetzten und Mitarbeitenden ermöglicht. Dabei ist es mit Einführungsveranstaltungen für neue deutsche Führungskräfte nicht getan, denn auch die Schweizer Mitarbeitenden müssen eine offenere Haltung entwickeln und lernen, allfällige Missverständnisse und Konflikte mit ihren Vorgesetzten korrekt, aber deutlich anzusprechen.

5. THEMATISIERUNG VERSUS TABUISIERUNG

Konflikte werden meist nur mit Freunden und nicht im Team besprochen
Reibungsflächen zwischen Deutschen und Schweizern werden sehr selten am Arbeitsplatz, sondern meist nur im Freundeskreis oder in einem privaten Rahmen mit einzelnen Arbeitskollegen/innen thematisiert. Das Ansprechen von Schwierigkeiten mit Vorgesetzten und im Team scheint kaum möglich, ohne einen Gesichtsverlust zu riskieren. Einigen gelingt es, das Thema in ihrem Team anzusprechen, meist in Kaffeepausen und mit humorvollem Unterton, um das Gegenüber nicht zu verletzen: *"Ist wichtig, über die Unterschiede lachen zu können."* Weniger konstruktiv ist es, wenn ironische Kommentare unter

Landsleuten geäussert werden, denn dann bleibt es meist beim Klatsch hinter vorgehaltener Hand unter Gleichgesinnten, was pauschalisierende und abwertende Fremdbilder möglicherweise verstärkt. *"Erstaunlicherweise machen Deutsche immer wieder die gleichen Erfahrungen und hören die gleichen Argumente, unabhängig vom Arbeitsplatz"*, meint etwa eine aus Deutschland stammende Pflegefachfrau. Der dauernde Austausch über immer gleiche Wahrnehmungen bestärkt die Beteiligten zwar darin, an deren Richtigkeit zu glauben, er hilft ihnen aber nicht, die Beweggründe der "Gegenseite" zu erfahren oder selbstkritisch anzuschauen, wie das eigene Verhalten ankommt.

Angst vor Rassismusanschuldigungen wirkt lähmend
Was das Ansprechen von interkulturellen Konflikten betrifft, spielt die "Political Correctness", die Furcht, dass Äusserungen missverstanden oder missdeutet werden können, eine ganz wichtige Rolle. Unter Umständen fürchtet man, der Verbreitung rassistischer und vorurteilsbeladener Haltungen bezichtigt zu werden. Aufgrund der öffentlichen Missbilligung von Rassismus und Fremdenfeindlichkeit ist allen bewusst, dass entsprechende Unterstellungen weitreichende, rufschädigende Konsequenzen haben und lange haften bleiben können. Deswegen flüchten sich die Beteiligten bei konkreten Vorfällen meist in versteckte Anspielungen oder ironisierende Anmerkungen. So werden generalisierende Aussagen vermieden und die Konflikte in der Regel individualisiert, anstatt kulturell geprägte Muster anzusprechen, gemeinsam zu reflektieren und auszuhandeln.
Mutig im Ansprechen solcher interkulturellen Konflikte können Beteiligte sein, die sich aufgrund ihrer Einbindung im Unternehmen eine gewisse Narrenfreiheit erlauben können oder deren persönliche familiäre Situation sie von Rassismusvorwürfen entbindet, wenn sie zum Beispiel in einer schweizerisch-deutschen Partnerschaft leben oder vom Standpunkt einer "neutralen" Staatsangehörigkeit aus argumentieren können.
So finden sich auch Personalverantwortliche, welche interkulturelle Spannungen und Konflikte meist wahrnehmen und auch angehalten wären, darauf zu reagieren, in dieser schwierigen Situation wieder, dass sie aufgrund ihrer eigenen Nationalität befürchten, von der "Gegenseite" als fremdenfeindlich abgestempelt zu werden. So bleibt es

meist dabei, dass Personalverantwortliche unverfängliche Weiterbildungskurse für neue deutsche Führungskräfte einrichten, die sie besser auf die Schweizer Arbeitsbedingungen vorbereiten sollen. Dabei verpassen sie aber die Möglichkeit, die vorhandenen Spannungen zu thematisieren und von beiden Seiten her Annäherungsprozesse zu initiieren.

Tabuisierung führt zu Klatsch und macht Probleme zur Zeitbombe
Missverständnisse, Spannungen und Konflikte scheinen verbreitet zu sein und auf ähnliche Weise zu verlaufen, trotzdem gibt es keine Instanz in Unternehmen, die das Thema auf den Tisch bringt und ein echtes Interesse an der Lösung dieser Probleme hat. So dominiert das Unter-den-Teppich-Kehren nach dem Motto: "Wir wollen doch nicht Probleme schaffen, wo's keine gibt!"
Noch schwieriger wird die Thematisierung, wenn auf Leitungsebene eine der beiden Nationalitäten dominiert. So kann es für die Belegschaft schwieriger werden, kulturell bedingte Differenzen anzusprechen, gerade wenn es um den Führungsstil geht: *"Weil vor allem im mittleren und höheren Management vermehrt Deutsche arbeiten, und deren Führungsstil als weniger umsichtig als der von Schweizer Chefs wahrgenommen wird, kommt in Teilen der Belegschaft des Öfteren Unmut auf."* Wenn das nicht auf den Tisch gebracht und offen besprochen werde, so schlussfolgert ein Schweizer IT-Fachmann aus der Logistikbranche, *"dann tickt da eine Zeitbombe"*.
Die meisten rechnen bei einem Ansprechen von Schwierigkeiten nicht mit direkten Konsequenzen. Einige Deutsche scheuen allerdings mögliche negative Konsequenzen im Team und ein Teil der Schweizerinnen und Schweizer hegen stärkere Befürchtungen, was ihre Vorgesetzten angeht: *"Wenn ich meine Meinung öffentlich kundtun würde, könnte ich jegliche Aufstiegschancen vergessen, ohne Wenn und Aber!"* Zum Teil begründen sie ihre Zurückhaltung mit der Angst, dass ihnen Intoleranz und rassistische Motive bei der Anmeldung von Schwierigkeiten mit Deutschen zugeschrieben würden. Zu gross scheint die Furcht zu sein, mit dem heiklen Thema "schubladisiert" und abgestempelt zu werden. Bei der Frage, ob sich jemand frei und unbelastet genug fühlt oder genügend Unterstützung und Rückendeckung seitens des Teams bekommt, um interkulturelle Konflikte und

die damit verbundenen angestauten Empfindungen auf den Tisch zu bringen, spielen seine berufliche Stellung und sein Status eine wichtige Rolle. So meint etwa eine Schweizer Tourismusfachfrau, dass sie bei einem Ansprechen der herrschenden Unzufriedenheit unter den inländischen Mitarbeitenden negative Konsequenzen für sich befürchten würde: *"Die Vorgesetzten scheint es herzlich wenig zu interessieren, wie sich die Mitarbeiter fühlen. Es wurde in der Vergangenheit schon klar demonstriert, dass jeder zu ersetzen ist (...). Es sind vor allem die Schweizer, welche unzufrieden sind. Diese wiederum machen die Faust im Sack, sodass sich das Ganze unterschwellig abspielt."*

Das Bedürfnis nach Thematisierung und Konfliktbearbeitung scheint stark zu sein, doch von einer konkreten Umsetzung konnte keiner der Befragten berichten. Meistens kommt es erst zu Kriseninterventionen, wenn das Verhältnis zwischen Deutschen und Schweizern schon ganz "verkachelt" ist. Und auch dann werden meist Sachprobleme in den Vordergrund gestellt oder der Konflikt wird individualisiert, anstatt die grundsätzlichen Verständigungs- und Sympathieprobleme anzugehen - eine Westschweizer Projektleiterin aus der Versicherungsbranche berichtet bspw.: *"Bei uns im Team haben wir schon zwei Krisen-Sitzungen gehabt. Allerdings war das Thema nicht spezifisch 'Deutschland', sondern eher die Wahrnehmung des Teams über eine Person."*

Was dann passiert, ist die unterschwellige Austragung des Konflikts: *"Keine direkte Kommunikation, vieles geht hintenrum."* Die Folge sind destruktive Verhaltensweisen, z.B. sich gegenseitig in Entscheidungsprozessen zu blockieren, Anerkennung vorzuenthalten oder Projekte zu torpedieren. Symptomatisch dafür sind Abteilungssitzungen mit endlos langen und unbefriedigend verlaufenden Diskussionen, in denen Selbstbehauptung, Abgrenzung und die Bildung von Allianzen die Lösung von Sachproblemen verhindert. Die Spannungen aber bleiben dadurch unausgesprochen und schwingen weiter mit, wie die Aussage eines Schweizer Schulleiters verdeutlicht: *"Konflikte werden oft ausschliesslich auf der Sachebene angegangen. Bei den Schweizer Mitarbeiter/innen wird dies oft als Arroganz empfunden."*

Angespannte Verhältnisse gilt es folglich so zu thematisieren, dass alle ihre Ansichten und Erfahrungen offen einbringen können, ohne Sanktionen befürchten zu müssen. Auf diese Weise kann die Unter-

nehmenskultur gemeinsam neu definiert und das Arbeitsklima für alle verbessert werden. So wünscht sich auch eine Schweizer Werbefachfrau Weiterbildung zur Klärung der Spannungen: *"Ich denke, dass mittels eines Workshops mal einige Themen und Missverständnisse aus dem Weg geräumt werden könnten. Gegenseitiges besseres Kennen würde mehr Verständnis, Respekt und Toleranz bedeuten."*
Gelingt dies nicht, bleiben nur Sarkasmus oder "Guerillamethoden", indem zum Beispiel polemische Zeitungsartikel oder Witze anonym an Anschlagbretter geheftet werden – mit der unausgesprochenen Aufforderung: "Wir haben ein Problem, bringt es endlich zur Sprache!"

Gemeinsame Klärungsprozesse wie auch entspannte Geselligkeit führen zu Annäherung
Mehrheitlich wollen Deutsche und Schweizer lernfähig und konstruktiv mit vorhandenen Differenzen umgehen. Vornehmlich deutsche Teilnehmende geben an, dass sie sich anpassen und zurücknehmen sowie manchmal mit Vermeidung und Rückzug, aber nur selten mit Abwehr reagieren. Bei den teilnehmenden Schweizerinnen und Schweizern ist diese Reihenfolge genau umgekehrt und die Abwehr überwiegt. Dies drückt sich auch in der Stellungnahme eines Schweizer Software-Ingenieurs aus: *"Die Konflikte werden gar nicht erkannt (werden ja auch nicht gross bemerkt, weil die Spannungen verschwiegen werden). Zudem sind die Vorgesetzten ja auch immer mehr Deutsche."*
Die Thematisierung von Reibungsflächen sollte beide Seiten involvieren und ihre Haltungen klären. Denn die Probleme können nicht allein durch Anpassungsleistungen der zugezogenen Deutschen gelöst werden, sondern müssen einen gegenseitigen Aushandlungs- und Annäherungsprozess in Gang setzen. Deshalb hilft es auch nichts, die Schwierigkeiten zu personifizieren und einigen wenigen und ihrem Verhalten die Schuld für die angespannte Situation in die Schuhe zu schieben. Denn dadurch wird die fremdenfeindliche und ausgrenzende Haltung, welche eine Unterordnung der "immigrierten" Beschäftigten unter die herrschenden Gegebenheiten fordert, nicht verändert.
Manchmal kann sich das Verhältnis auch bessern, indem die Betroffenen bewusst versuchen, gemeinsam entspannte Situationen zu schaffen, etwa ausserhalb des Arbeitsbereichs, wo positiver Aus-

tausch und Annäherung zustande kommen können. *"Unsere Deutschen sind offener geworden, nehmen jetzt auch am 'geselligen Büroleben' teil, gelegentliches Feierabendbier oder so."*, schildert eine Schweizer Raumplanerin die Entkrampfung des binationalen Teams eines Bauunternehmens.

Das nähere Kennenlernen führt in der Tat zu einer Art Immunität gegen abwertendes und ausgrenzendes Verhalten. Solche positiven Entwicklungen können dann im Gegenteil auf ganze Teams und Abteilungen "ansteckend" wirken und sich verbreiten. Je mehr gemeinsame positive Erfahrungen gemacht werden können, umso weniger Boden wird negativen Zuschreibungen, Ablehnung und Abwertung überlassen, was durch die Aussage einer deutschen Grafikerin unterstrichen wird: *"Man sollte mehr die positiven zwischenmenschlichen Beziehungen thematisieren, nicht immer negative Beispiele bringen. So prägt man unterbewusst eine falsche Vorstellung."*

6. DEUTSCHENFEINDLICHKEIT IN DER ÖFFENTLICHEN SPHÄRE

Nicht die Konkurrenz schürt die Deutschenfeindlichkeit, sondern das angeblich zu grosse Ausmass der Zuwanderung
Rassismus wird meist durch Negativschlagzeilen geschürt und ist mit Ängsten verbunden, wie etwa vor Ausländerkriminalität oder Fundamentalismus. Nun trifft dies bei deutschen Einwandernden wohl kaum zu, denn wir haben es hier mit einem Überschichtungsphänomen zu tun. Trotzdem kommt es zu Ablehnung, rassistischen Vorurteilen und Diskriminierung.

Die Aussagen aus unserer Befragung zeigen, wie etwa die nachfolgende eines Schweizer Ingenieurs, dass die Gründe für Deutschenfeindlichkeit in der Angst vor "Überfremdung" und Kulturverlust liegen: *"Der Anteil dürfte nicht zu gross werden. Die Schweizer, oder die, die hier aufgewachsen sind, fühlen eine Art Heimat. Wer eine andere Kultur oder Art einbringen will, gilt als Störenfried."*

Einige Teilnehmende führen die Fremdenfeindlichkeit gegenüber Deutschen auch auf die Konkurrenz um Arbeitsplätze, Lohndumping oder Leistungswilligkeit deutscher Arbeitskräfte zurück, doch zeigen unsere Befragungsergebnisse, dass nur wenige der teilnehmenden-

Schweizerinnen und Schweizer die Konkurrenz als Grund für Ablehnung nennen und die grosse Mehrheit findet, dass bei Bewerbungen unabhängig von der Nationalität dem/r besseren Kandidaten/in der Vorzug gegeben werden sollte: Die Angst wird vielmehr wie folgt formuliert: *"Weniger relevant ist vermutlich die Angst davor, dass Deutsche Arbeitsstellen wegnehmen, als die, dass man sich im eigenen Land an so viele Ausländer 'anpassen' muss."*
Der Unmut über "zu viele Deutsche" wäre demnach ein Problem mit dem Ausmass der Zuwanderung, welches Befürchtungen weckt, dass sich die Schweizer in einer Minderheitsposition wiederfinden und sich den "kolonialistischen" Deutschen unterordnen und anpassen müssen. Diese Abwehrhaltung richtet sich gegen eine "fremde Masse" und wird in der Regel nicht auf den einzelnen Arbeitskollegen übertragen. Kennt man sich persönlich und arbeitet man zusammen, sind rassistische Bemerkungen oder diskriminierende Verhaltensweisen eher selten. Dies zeigt auch die Aussage einer deutschen Ingenieurin: *"Im Arbeitsalltag gibt es fast nur positive Eindrücke von meinen Schweizer Kollegen. Sehr freundlich, humorvoll und hilfsbereit. (...) Ausserhalb der Firma habe ich einen anderen, eher negativen Eindruck von Schweizern bekommen. Sie reagieren eher abweisend, kalt, wenig humorvoll manchmal engstirnig. Im öffentlichen Nahverkehr kommt es auch öfter zu rassistischen Äusserungen. Sobald man allerdings jemanden näher kennt, gibt es keinerlei negative Erfahrung mehr."*

Angriffe auf Deutsche finden meist in der anonymen Öffentlichkeit statt

Im öffentlichen Raum hingegen, wo man sich nicht näher kennt und sich vermutlich auch nicht wieder begegnen wird, sind Deutsche als Einzelpersonen risikoloser angreifbar als etwa in Unternehmen. Zudem müssen die Aggressoren auch nicht mit unmittelbaren Reaktionen der Umstehenden rechnen, da in der Regel wenig Solidarisierung mit den Opfern stattfindet. Dabei sind die Täter meist in kleinen Gruppen und bestätigen sich gegenseitig. Solche unschönen Erlebnisse hat uns eine deutsche Sachbearbeiterin berichtet: *"Auf der Strasse bin ich schon beschimpft worden, wenn andere mitbekommen haben, dass ich hochdeutsch spreche."* Da erst durch die Sprache auf die Nationalität geschlossen werden kann, berichteten uns verschiedene

Teilnehmende, dass sie in der Öffentlichkeit leise sprechen, das Handy in öffentlichen Verkehrsmitteln nicht bedienen, oder manchmal sogar auf Englisch oder Französisch sprechen, um nicht als Deutsche erkannt zu werden. Dies zeigt auch die nachfolgende Aussage eines wissenschaftlichen Mitarbeiters einer Beratungsfirma: *"In vielen Geschäften werden die Verkäufer/innen zudem schlagartig unfreundlich, sobald sie Hochdeutsch hören. Ähnliches gilt für Bars und Restaurants. Da fühle ich mich oft als Kunde/Gast zweiter Klasse, obwohl ich mir selbst äusserste Mühe gebe, höflich und zuvorkommend bei meinem Bestellverhalten zu sein."*
Verletzende und diskriminierende Erfahrungen in öffentlichen Verkehrsmitteln oder Lokalen scheinen häufig erlebt zu werden, während tätliche Angriffe Ausnahmecharakter haben, wie der nachfolgende Fall, der uns von einer deutschen Ingenieurin berichtet wurde: *"Im öffentlichen Nahverkehr wurde ich letzten Sommer tätlich angegriffen. Eine ältere Frau hat sich in meinen Oberkörper geworfen, woraufhin meine Brille verbogen wurde, weil der leere Platz im Zug anscheinend ihr gehörte."* Auf Seite der Schweizer Teilnehmenden ist verschiedentlich zu hören, dass sie allergisch auf Deutsche im öffentlichen Raum reagieren: „*Überall hört man nur noch Hochdeutsch sprechen, da fühlt man sich gar nicht mehr in der Schweiz."*
Die deutschenfeindlichen Haltungen werden nach Auskunft der deutschen Teilnehmenden im Speziellen bei Fussballspielen und Sportanlässen durch respektloses Verhalten, abfällige Bemerkungen und Kommentare zum Ausdruck gebracht. So etwa bei WM- oder EM-Qualifikationsspielen, wenn sich Schweizer mit disqualifizierenden Äusserungen gegenüber ihren deutschen Arbeitskolleginnen und -kollegen nicht zurückhielten, z.B. durch lautstarke Schadenfreude, wenn die deutsche Mannschaft verlor. Zum Teil kam es auch zu direkten Anfeindungen im öffentlichen Raum: *"Bei der Fussball-WM konnte man sich in der Stadt fast nicht outen, dass man deutsch ist."*
Einzelne Teilnehmende berichteten, dass ihnen aufgehängte Fahnen abgerissen oder verschmiert worden seien, andere hatten Angst, dass ihr Auto mit deutschen Kennzeichen beschädigt werden könnte.
Rassistische Beschimpfungen markieren die eigene Machtposition
Weitere Formen von Rassismus stellen abwertende und diffamierende Übernamen dar, wie etwa "Gummihälse", welche im Gesundheitswesen als Bezeichnung für deutsche Assistenzärztinnen und -ärzte mit

ihrem angeblich ständigen Nicken und Ducken geboren wurden (vgl. Ziauddin 2008). Im Rahmen unserer Befragung haben 49 von insgesamt 136 teilnehmenden Deutschen von offenen Angriffen ("Nazi", "Sauschwob", "Schiiss-Tütscher") berichtet. Darüber hinaus empfanden es viele der befragten Deutsche als belastend, dass in ihrer Gegenwart schlecht über Deutschland gesprochen oder Schuldzuweisungen gemacht würden. Zum Teil seien sie dann von den Sprechenden ausgeklammert worden, doch zeuge ein solches Verhalten entweder von mangelnder Sensibilität oder werde gezielt zur Einschüchterung eingesetzt. Eine deutsche Sozialpädagogin meinte dazu: *"Manchmal kommt es mir vor, als würde man alle Deutsche in einen Sack stecken und dann mit dem Knüppel draufhauen; irgendwen wird's ja dann schon zu Recht treffen."*

Von abweisenden Reaktionen und Ungleichbehandlungen aufgrund der Nationalität berichtete rund die Hälfte der deutschen Teilnehmenden (64 von 136). Solche Erfahrungen werden insbesondere bei der Wohnungssuche und bei der Behandlung durch Vermieter gemacht. Eine deutsche Pflegefachfrau erzählt: *"Bei der Wohnungsübergabe wurde mir vorher deutlich gesagt, dass wir hier in der Schweiz sind und nicht in Deutschland, die Wohnung muss sauber sein!"*

Eine solche Äusserung bei der Wohnungsübergabe entspringt einer rassistischen Einstellung gegenüber Deutschen und lässt das Opfer aufgrund des Abhängigkeitsverhältnisses ohnmächtig dastehen, denn sich zur Wehr zu setzen könnte negative Konsequenzen zur Folge haben. Eigentlich waren derartige Äusserungen bis vor kurzem auf Zuwanderer aus dem Mittelmeerraum oder Südosteuropa beschränkt. Sie stellen eine typische Form rassistischer Alltagdiskriminierung durch Personen in einer Machtposition dar (vgl. Eckmann et al. 2001).

Die Zielgruppen sind bei solchen Formulierungen austauschbar. So werden auch Unterstellungen und Abwertungen bewusst zur Diskreditierung der neuen Zuwanderer eingesetzt, wie etwa, dass sie nur aus Geldgierigkeit in der Schweiz arbeiten würden. Solche Formen der Abwehr entspringen stark emotional gefärbten Wahrnehmungen der "Überfremdung", wie die nachfolgende Aussage eines Schweizer Informatikers illustriert: *"Für mich ist es aber extrem lästig, da die Wirtschaftsflüchtlinge nun bereits überall anzutreffen sind. Restaurant, SBB Schalter, Einkaufscenter – egal, wo man hin geht, es ist garantiert ein Deutscher dabei. Das heisst wiederum, man muss Hoch-*

deutsch sprechen. Für mich nimmt die ganze Sache einen unschönen Touch an."
Der Vorwurf lautete noch in den 1990er-Jahren, insbesondere gegenüber Servicepersonal aus Ex-Jugoslawien, dass man nirgends mehr deutsch bedient werde. Daraus wird ersichtlich, wie austauschbar und umkehrbar die fremdenfeindlich motivierten Anschuldigungen sind. Gleichzeitig werden Forderungen nach Anpassung erhoben, wie Deutsche sich in der Schweiz zu verhalten haben, ohne übermässig aufzufallen. In einem derart engen Verhaltenskorsett kann sich jedoch kaum jemand bewegen und schon gar nicht entwickeln.

Medien schüren durch Pauschalverurteilungen die Deutschenfeindlichkeit

Die Berichterstattung über die deutsche Einwanderung in den Schweizer Printmedien hatte ihren Höhepunkt im Jahr 2007 (vgl. Imhof 2008:175). Dabei herrschte in den Boulevardmedien häufig ein negativer Grundtenor, der viele Deutsche belastete: *"Die vielen antideutschen Kampagnen (Stichwort 'Wie viele Deutsche verträgt die Schweiz?' und andere) ärgern mich und drücken meine Stimmung."*
Solche gesellschaftlichen Ressentiments gegen die Präsenz von Ausländern hat es in der Schweizer Migrationsgeschichte von den "Italienerkrawallen" in den 1920er-Jahren bis zu den öffentlichen Anfeindungen des Flüchtlingszustroms aus Ex-Jugoslawien in den 1990er-Jahren immer wieder gegeben (vgl. D'Amato 2008). Indem Begriffe wie "Flut" oder "Lawine" für den Zustrom von deutschen Arbeitskräften verwendet werden, wird eine Bedrohung für die Schweiz durch eine neue, unkontrollierbare Völkerwanderung heraufbeschworen (vgl.Meier-Braun 2001:125ff.). Dadurch wird das Bild der Deutschen negativ verzerrt und die Angst "vor sozialen Problemen innerhalb der Bevölkerung geschürt" (Wang 2007:8). Diese überzeichnete Thematisierung und Emotionalisierung der deutschen Zuwanderung in den Medien bezeichnet Kurt Imhof als "Kommunikationsblase" (Imhof 2008:165). Während pauschalisierende und abwertende Schlagzeilen und Artikel dominieren, hält sich der differenzierende Journalismus eher bedeckt: Die *"Medien nehmen also durch eine relativ einseitige Berichterstattung eine eher Konflikt schürende denn entschärfende Rolle ein"* (Maag 2009:29).

Die mediale Thematisierung des schweizerisch-deutschen Verhältnisses wird denn auch von drei Vierteln der Teilnehmenden unserer Studie als problematisch im Sinne von einseitig, pauschalisierend, populistisch und vorurteilsverstärkend wahrgenommen, wobei diese Eindrücke bei den Deutschen deutlicher ausgeprägt sind als bei den Schweizern. Dies empfindet auch eine deutsche Ingenieurin, die seit sechs Jahren in einem Schweizer Industriebetrieb arbeitet: *"Es wird in den Medien sehr viel Wert auf Nationalitäten gelegt, was teilweise gar nichts mit der Sachlage zu tun hat."*

Zugutehalten kann man den Medien aber, dass sie das schweizerisch-deutsche Verhältnis überhaupt ansprechen, handelt es sich doch im Arbeitsbereich meist um ein heikles Thema, welches über die Diskussion von Zeitungsartikeln oder Fernsehbeiträgen besser angegangen werden kann. Zudem ist es nicht einfach, derart emotionale und schwer fassbare zwischenmenschliche Phänomene sachlich zu recherchieren. Die meisten Studienteilnehmenden beurteilen jedoch den Einfluss der Medien auf das schweizerischdeutsche Verhältnis äusserst kritisch und empfinden insbesondere die Überschriften der Boulevardzeitungen als reisserisch und hetzerisch, wie eine Westschweizerin aus der Versicherungsbranche mockiert: *"Diese Reihe von Artikeln in den Zeitungen hat das Problem sicher verschärft."*

Zwar nehmen Journalisten auf gesellschaftliche Stereotype und Vorurteile auch deshalb Bezug, weil diese ihren eigenen Lebenskontext prägen (vgl. Hort 2007:92), andererseits dürfte das bedeutendere Motiv sein, die Aufmerksamkeit der Leserschaft zu gewinnen. Aus diesem Grund werfen verschiedene Befragte – wie zum Beispiel der nachfolgende deutsche Wissenschaftler – den Medien die negative Problematisierung vor: *"Aber die in den Medien (Print) verbreitete Meinung deckt sich mit meinen positiven Erfahrungen überhaupt nicht."*

Eine Analyse von vier Schweizer Zeitungen (NZZ, 20 Minuten, Blick, St.Galler Tagesblatt) im Hinblick auf ihre Berichterstattung über Deutsche in der Schweiz zwischen 2002 und 2009 (Maag 2009) hat gezeigt, dass das Bild, welches von Deutschen vermittelt wird, meist negativ ist. So meint auch eine deutsche Vorgesetzte aus der Industrie: *"Ständig werden Vorurteile wiederholt, alte Zöpfe wieder aufgewärmt. Eine Detailanalyse der Ist-Situation wird nicht gemacht."* Es werden zwar kulturelle Unterschiede, die zu Missverständnissen führen, beleuchtet, doch wird gleichzeitig ein Bild der Schweiz gezeichnet, welches von Skepsis, Unterlegenheitsgefühlen und Beunruhigung wegen steigender Konkurrenz geprägt ist. Positiv anzumerken ist, dass auch Gegenstimmen zu Wort kommen, sowohl gut integrierte Deutsche als auch Schweizerinnen und Schweizer, welche die Zuwanderung als Bereicherung empfinden.

Verschiedentlich berichten deutsche Teilnehmende von Schuldzuweisungen im Zusammenhang mit der schweizerisch-deutschen Steueraffäre und den diesbezüglichen Formulierungen des damaligen deutschen Finanzministers Peer Steinbrück, welche an sie persönlich gerichtet werden. Einzelne für politische und wirtschaftliche Vorgänge verantwortlich zu machen entspringt meist dem Bedürfnis nach Aggressionsentladung, deren Ausleben über ein Sachthema als sozial eher toleriert angesehen wird. Ein seit zwei Jahren in der Schweiz tätiger Deutscher merkt an, dass er es satt habe, ständig auf solche Konfliktthemen angesprochen zu werden: *"Mir wird in der Öffentlichkeit oft eine persönliche Verantwortung für politische Vorgänge in/mit Deutschland (Flughafen Zürich, deutschliechtensteinische Steueraffäre, Holding-Steuerstreit CH-EU und vieles mehr) zugeschoben. Diesbezüglich überschätzen viele Schweizer wohl den Einfluss des Einzelnen in einer indirekten Demokratie."*

Aufwertung der eigenen Kultur durch Abwertung der anderen
Analog zur Islamfeindlichkeit, welche oft zu einer stärkeren Identifizierung mit dem Christentum führt, streichen Schweizerinnen und Schweizer Differenzen und Interessenskonflikte mit Deutschen heraus und werden sich dadurch stärker der eigenen Kultur bewusst: *"Mir wird die Schweizer Kultur und ihr Umgang mit Konflikten etc. (Konkordanz, unterschiedliche Kulturen und Sprachen) immer wichtiger. Die Deutschen sind nicht der Massstab. Kein Italiener oder Kosovo-Albaner verhält sich so arrogant wie ein Deutscher."*, kritisiert etwa eine Schweizer Unternehmensberaterin. Wie diese letzte Aussage zeigt, ist das Herausstreichen von Differenz häufig mit einer Abwertung des anderen verbunden, und dies ist ein zentraler Mechanismus des Rassismus (vgl. Memmi 1982).

Manchmal werden Formulierungen gewählt, die über die Gefährlichkeit der verpackten Aussagen hinwegtäuschen, wie etwa: *"Nicht umsonst haben gewisse Unternehmen den Deutschen-Anteil auf 10% be-*

schränkt." Oder die nachfolgende Aussage einer Schweizer Betriebswirtschafterin: *"War eine Zeit lang schon ein wenig rassistisch, aber gut, dass wir das Thema zur Sprache gebracht haben. Die Schweiz neigt ja zum Schweigen und dazu, für alle 'offen' und anpassungsfähig zu sein."*
Wenn Schweizerinnen und Schweizer zum Angriff übergehen und Deutschen rassistische Haltungen und Diskriminierungen gegenüber Schweizern vorwerfen, so muss klargestellt werden, dass sich Zuwandernde mehrheitlich nicht in einer Position befinden, in der sie anderen Zugänge verwehren und diskriminierende Praktiken umsetzen können. Zwar befindet sich ein Teil der eingewanderten Deutschen in Vorgesetztenpositionen, wo sie über Gestaltungsmöglichkeiten und Macht verfügen, doch darf dies nicht mit der Definitionsmacht und der strukturellen Gewalt der Mehrheitsbevölkerung gleichgesetzt werden.

Offenheit der Schweizer muss gefördert und Rassismus verurteilt werden
Insgesamt wünschen sich die meisten Teilnehmenden mehr Offenheit und globales Denken, gefolgt von persönlichem Austausch und gegenseitigem Lernen sowie an dritter Stelle Aufklärung und Information über kulturelle Unterschiede durch die Unternehmen, aber auch durch eine differenzierte Medienberichterstattung.
Was die verletzenden und diskriminierenden Erfahrungen von Deutschen in der Schweizer Öffentlichkeit betrifft, so sollte die Schweiz als Einwanderungsland mit solchen kleinkarierten und rassistischen Denkweisen aufräumen und sie öffentlich verurteilen. Zeugen und Umstehende solcher Zwischenfälle oder Übergriffe sollten statt wegzuschauen etwas mehr Zivilcourage an den Tag legen und sich für die betroffenen Deutschen einsetzen. Denn schon ein kurzer Wortwechsel mit dem Opfer kann diesem helfen, mit der erlittenen Verletzung besser umzugehen und sich nicht alleingelassen zu fühlen. Umgekehrt heisst Gleichgültigkeit und Wegschauen, den Tätern zuzustimmen, was sie in ihrer aggressiven und deutschenfeindlichen Haltung bestärken wird.
Gleichzeitig gilt es, im Bildungsbereich das Wissen über die andere Nation und das Interesse an der anderen Kultur zu fördern. Einige deutsche Teilnehmende beklagen, dass die Schweizer oft sehr wenig

über Deutschland wissen, vor allem was geografische (z.B. Lage von Städten) und kulturelle Belange betreffen. Sie regen an, dass die Schweiz Schüleraustauschprojekte oder die Mobilität von Studierenden fördert, damit solche Wissenslücken sowie die Distanz zu diesem eng verwandten Kulturraum abgebaut werden können. Andere deutsche Teilnehmende wünschen sich aufgrund ihres Interesses am politischen Leben in der Schweiz auch mehr politische Partizipationsmöglichkeiten, z.B. auf Gemeindeebene.

Darüber hinaus besteht Handlungsbedarf auf institutioneller Ebene. So hat die Eidgenössische Kommission gegen Rassismus (EKR) 2009 in einer offiziellen Medienmitteilung verurteilt, dass die Schweizer Printmedien stereotype Negativbilder des "hässlichen Deutschen" verbreiten. Diese würden kollektive Ablehnungsreaktionen provozieren, was die hier lebenden Menschen verletze und den gesellschaftlichen Frieden belaste (vgl. EKR 2009). Die EKR stellt "mit Besorgnis fest, dass im schweizerisch-deutschen Verhältnis die Gehässigkeit" zunehme.

Angesichts aktueller politischer Entwicklungen, insbesondere der rechtspopulistischen Initiativen zur Begrenzung der Anzahl ausländischer Studierender an Schweizer Universitäten oder zur Bevorzugung von Schweizern auf dem Wohnungsmarkt – welche sich in erster Linie gegen deutsche Zuwanderer richten – können solche Mahnungen nicht ernst genug genommen werden.

7. LERNPROZESSE UND VERTRAUENSAUFBAU

Ablehnung kommt für viele Deutsche überraschend und führt zu einem Kulturschock
Viele der befragten Deutschen berichten, dass sie sich am Arbeitsplatz gut aufgenommen und akzeptiert fühlen, viele sind aber auch, wenn sie in der Schweiz zu arbeiten beginnen, überrascht, dass es für sie nicht einfach ist, mit Schweizern näher in Kontakt zu kommen: *"Ich erlebe die Schweiz(er) als weniger weltoffen als ich dachte. Es gibt stärkere Ausgrenzungstendenzen als ich dachte"*, meint etwa ein deutsches Geschäftsleitungsmitglied aus dem Sozialwesen. Auch wenn Schweizerinnen und Schweizer in der Regel an einen hohen Ausländeranteil gewöhnt sind und selbst viel reisen, bedeutet dies nicht automatisch, dass sie über interkulturelle Offenheit verfügen und auf Zuwandernde mit offenen Armen zugehen. Diesen Widerspruch empfindet auch eine deutsche Ingenieurin: *"Schweizer stehen allen Ausländern (egal welcher Nationalität) zuerst sehr skeptisch gegenüber. Erst wenn die Hürde einer ersten Bekanntschaft überwunden ist, tauen sie auf und akzeptieren ihn/sie. Ich persönlich wundere mich manchmal, dass die Schweizer so verschlossen sind. Sie reisen sehr viel und ich finde, sie nehmen wenige Erkenntnisse davon mit nach Hause."*
Diesen Eindruck bestätigt auch ein französischer Manager aus dem Finanzwesen: *"Mit Deutschen habe ich kein Problem. Ich habe auch acht Monate lang in Berlin gearbeitet und diese Zeit sehr geschätzt. Mit Schweizern fühlt man sich wohl eher wie ein Fremdkörper. Man muss aufpassen, die innere Ruhe nicht zu stören."* Die innere Ruhe im Arbeitsleben kann durch ungewohnte Kommunikations- und Führungsstile, Arbeitstempo oder -abläufe aus dem Gleichgewicht geraten – mit anderen Worten geht es auch um die Abwehr von Veränderung. Auf der anderen Seite kann bei Deutschen von einem Kulturschock gesprochen werden, wenn das Erwachen aus der anfänglichen Euphorie sehr plötzlich eintritt. Diese Ernüchterung kann von Überraschung über Angst bis hin zu Empörung auslösen, wenn man sich des Ausmasses der kulturellen Differenzen bewusst wird (vgl. Oberg 1960, Taft 1977). Die Überwindung dieses Tiefschlags erfordert vom Individuum erhebliche mitunter auch belastende psychische Anpassungsleistungen, wobei die Verwirrung über die eigene Rolle und die

Rollenerwartung der anderen bestehen bleiben kann (vgl. Wagner 1996). Die Erholung tritt erst ein, wenn ein Verständnis für die eigene kulturelle Prägung und die Handlungslogiken der neuen Umgebung gewonnen werden kann.

Mehr als zweckmässige Anpassung braucht es Feingefühl für kulturelle Unterschiede

Manche Schweizerinnen und Schweizer stellen gegenüber Ausländerinnen und Ausländern hohe Anpassungsforderungen, was auch als Ausdruck von Intoleranz zu werten ist. Da bei Deutschen viele kulturelle Komponenten, wie etwa Religion, Kleidung oder Erziehung, keinen Anlass für Divergenzen geben, konzentrieren sich die Forderungen auf die Sprache sowie auf die andere Unternehmens- und Führungskultur. Doch auch länger in der Schweiz anwesende Deutsche stören sich oft am Verhalten der frisch zugewanderten Deutschen und fordern von ihnen die Bereitschaft zur Anpassung und Integration. Eine deutsche Pflegefachfrau postuliert, dass sich die Anpassungsfrage in der Schweiz genauso stelle, wie wenn man etwa nach China oder Australien auswandert: *"Ich hoffe, dass sich die Deutschen klar werden, dass sie hier freiwillig sind und sich hier genauso anpassen müssen wie in anderen Ländern."*

Deutsche, die schon länger in der Schweiz sind, haben diesen Lernprozess bereits durchlaufen und vergessen leicht, dass er nicht von heute auf morgen zu vollziehen ist, sondern seine Zeit braucht. Ist das Feingefühl für kulturelle Unterschiede und Empfindlichkeiten jedoch erst einmal ausgebildet, gibt es weniger Schwierigkeiten und freundschaftliche Beziehungen werden möglich. Dann kann man sich auch im Arbeitsleben und im öffentlichen Raum meist freier und unbelasteter bewegen. Mit der Zeit, so erklärt ein schon seit 16 Jahren in der Schweiz lebender CEO aus dem Finanzwesen, kenne man die verschiedenen Fettnäpfchen, könne sich besser auf die Schweizer einstellen und vermeide dann *"unbewusste Provokationen durch bestimmte direkte Äusserungen"*.

Den kulturellen Kontext zu kennen, Verhaltenscodes verinnerlicht zu haben sowie mit Schweizern eng befreundet zu sein – das alles trägt zur Integration und zum Wohlbefinden der Zugewanderten bei. Es empfiehlt sich, der Schweiz Interesse entgegenzubringen und sich über schweizerische Angelegenheiten, wie z.B. Politik, Alltagsge-

schehen, Kultur oder Sport, zu informieren, um besser am sozialen Leben – an Pausengesprächen etc. – teilnehmen zu können. Kenntnisse in solchen Belangen bezeugen das Interesse an und den Respekt für das Gastland und seine Bewohner/innen. Dem "idealen" Anpassungsprozess wird in der folgenden Aussage einer Schweizerin etwas überspitzt Ausdruck verliehen:
"1. Sie verstehen Schweizerdeutsch; und ein paar seltene Exemplare versuchen sogar, unsere Sprache zu lernen – oder sie mischen wenigstens ein paar 'lis' rein ...
2. Sie ecken nicht mehr überall an.
3. Sie kennen Schweizer Politiker.
4. Sie hören Schweizer Radio und schauen manchmal die SF Nachrichten.
5. Sie füllen ihre Kühlschränke nicht mehr ausschliesslich mit deutschen Produkten."

Annäherungsprozesse beruhen auf Gegenseitigkeit
Sicher trägt das Verstehen des lokalen Schweizerdialekts einiges zum Annäherungsprozess bei, doch stellt dessen aktives Beherrschen für viele Deutsche eine Überforderung dar. Während sie von ihrem Äusseren her nicht als Ausländerinnen oder Ausländer auffallen, wird es beim Sprechen innerhalb eines Sekundenbruchteils klar. Dies kann beim Gegenüber mitunter zu schlagartigen Veränderungen führen, wie ein seit zwei Jahren in der Schweiz tätiger Berater berichtet: *"Viele Schweizer verspannen automatisch, wenn sie den Klang des Hochdeutschen hören. Das Klima wird schlagartig frostig. Das Gespräch kommt erst wieder in Gang, wenn ich sage "Sie chönnid im Fall scho Mundart rede – ich verstah Sie guet."*
Solche Erfahrungen sind schmerzhaft, denn Antipathie und Unfreundlichkeit lösen eine Stressreaktion bei den Betroffenen aus. Bei der Verarbeitung solcher Frustrationen laufen viele Gefahr, ihrerseits in abwertende Zuschreibungen, Abwehr oder Resignation gegenüber Schweizern zu verfallen, wie ein Schweizer Forschungsassistent zu berichten weiss: *"Eine deutsche Mitarbeiterin hat sich mal generell über 'die Schweizer' beschwert und kollektiv als verkrustet, konservativ, faul und rückständig bezeichnet. Sie hat sich später entschuldigt und gemeint, dass man nicht verallgemeinern könne."*

Anklagende und verurteilende Äusserungen erzeugen Abwehr. Dadurch werden erneute schmerzhafte Erfahrungen unausweichlich, während es für zukünftige positive interkulturelle Erfahrungen gerade wichtig wäre, weiterhin offen und liebenswürdig zu bleiben. Deshalb ist es zentral, über verletzende Erfahrungen mit Freunden zu sprechen, welche uns zwar Verständnis entgegenbringen, uns aber auch auf mögliche Auslöser oder Verhaltensregeln aufmerksam machen können.

"Nach sieben Jahren in der Schweiz habe ich endlich ein paar Freunde gefunden. Es ist extrem schwierig, integriert zu werden, solange man nicht Dialekt spricht", beklagt sich ein deutscher Biologe. In der Tat scheint es in der Schweiz eine gewisse Zeit zu brauchen, bis Freundschaften geschlossen werden. Dafür sind sie dann aber in der Regel auch zeitbeständig. Diese Freundschaftskultur mag auch damit zusammenhängen, dass die Schweizer im Vergleich zu Deutschen durchschnittlich weniger mobil sind, was Wohnort- und Arbeitswechsel angeht, und somit leichter ihre alten Freundschaftsnetze aufrechterhalten können.

Vertrauensbildung durch Auflösung von Stereotypen und Klärung der Erwartungen
Wichtig im Annäherungsprozess ist von deutscher Seite her, dass man sich nicht anbiedert oder verstellt: *"Man sollte"*, erklärt ein deutscher Raumplaner, *"man selbst bleiben, aber Rücksicht auf andere Befindlichkeiten nehmen, zurückhaltender kommunizieren, Andersartigkeit respektieren"*. Für einen solchen Lernprozess gilt es, Zeit und Mühe auf sich zu nehmen, um nach dem System von "trial and error" schrittweise kleine Integrationserfolge zu erzielen.

Von Schweizerseite her wäre es wünschenswert, dass interkulturelle Offenheit gefördert wird und Aussagen wie die nachfolgende eines Schweizer Forschungsassistenten kein Einzelfall bleiben: *"Wir unternehmen auch ausserhalb der Arbeit viel zusammen. Die Gruppe ist mit Deutschen und Schweizern gut gemischt und harmonisch. Da mir eher Gemeinsamkeiten auffallen, denke ich, habe ich ein gutes Verhältnis zu Deutschen. (...) Über die kleinen Unterschiede muss gesprochen werden und die Deutschen, die neu in Schweiz kommen, sollten darüber aufgeklärt werden, um die Fettnäpfchen zu vermeiden."*

Beim Vertrauensaufbau spielen verschiedene Dimensionen eine Rolle. So steht auf der einen Seite das "Wissen" über Motive, Spielregeln, Verhaltensabsichten und Arbeitsprozesse im Vordergrund, da es das Verhalten des Gegenübers einschätzbar macht. Auf der anderen Seite stehen die Ansprüche an das Verhalten des Gegenübers und an einen akzeptablen Arbeitskontext. In die Wahrnehmung des Gegenübers können stereotype Annahmen und Erwartungen hineinspielen (vgl. Schwegler 2008). Oft wird aber auch versucht, sich gerade nicht so zu verhalten, wie man annimmt, dass der andere es aufgrund gängiger Vorurteile zu erwarten scheint. Dieses Phänomen konnte etwa in einer Untersuchung zum Verhältnis von deutschen und mexikanischen Kooperationspartnern festgestellt werden (vgl. Kühlmann 2005), wo die Deutschen mehr in den Kontaktaufbau und die Geselligkeit investierten und die Mexikaner entsprechend mehr Zuverlässigkeit, Kompetenz und Ehrlichkeit demonstrierten. Dies zeigt, wie gegenseitige Erwartungshaltungen und gängige Stereotype die Arbeitsbeziehung prägen können.

Auch in verschiedenen Interviewaussagen unserer Studie gibt es Hinweise auf ein solches Verhalten, insbesondere bei Deutschen, wenn sie etwa sagen, dass sie bewusst versuchen, nicht so direkt, laut oder kritisch zu sein, und sich aktiv um Konsensfindung und einen demokratischen Führungsstil bemühen. Hier haben wir es folglich mit einer Anpassungsleistung zu tun, welche, wenn sie das normale Mass überschreitet, bis zur "Selbstverleugnung" oder "Verstellung" reichen kann, was einen kraftraubenden Aufwand für den Einzelnen bedeutet. Die Vertrauensbildung in der Arbeitsbeziehung beeinflusst die Effektivität von Teams und steigert die Kommunikations- und Kooperationsbereitschaft (vgl. Schweer/Thies 2003). Falls die Vertrauensbildung nicht gelingt, kann dies zu einem erheblichen Verschleissfaktor durch Missstimmungen und zu Ineffizienz führen.

Auf Ernüchterung und Frustration folgt Rückzug, erst dann findet Kalibrierung statt

Es geht folglich um einen Phasenprozess, bei welchem nach einem anfänglichen Kulturschock eine sukzessive Aneignung von Kulturkompetenz erfolgt. Folgender Modellablauf stellt die wesentlichen Phasen dar (vgl. Wagner 1996:19f.):

1. Euphorie: man beobachtet und stellt die eigene Kultur nicht infrage;
2. Entfremdung: erste Kontaktschwierigkeiten, man gibt sich selbst die Schuld;
3. Eskalation: Schuldzuweisungen an die fremde Kultur und Verherrlichung der eigenenKultur;
4. Verständigung: Die unterschiedlichen kulturellen Spielregeln werden verstanden, akzeptiert, erlernt und geschätzt;
5. Kulturkompetenz: Konflikte werden als Resultat der kulturellen Unterschiede wahrgenommen und folglich als Missverständnisse gedeutet.

Diese emotionale und kognitive Verarbeitung, von der anfänglichen Euphorie über das Gefühl, fehl am Platz zu sein, bis hin zur Erfahrung, sich in beiden Kulturen unbefangen bewegen zu können, ist ein komplexer und – insbesondere zu Beginn – auch recht schmerzhafter Prozess (vgl. ebd.). Wie die Antworten der Online-Befragung zeigen, durchlaufen die teilnehmenden Deutschen meist ein Wechselbad der Emotionen, welche von Begeisterung über Erstaunen und Ernüchterung bis hin zu Frustration reichen. Nach einer ersten, unproblematischen Phase werden die zurückhaltenden bis kritischen Signale der Schweizer als Zurückweisung empfunden: *"Als Deutsche findet man Schweizer erst mal grundsätzlich sympathisch. Es dauert dann eine Weile, bis man erstaunt feststellt, dass dies umgekehrt gar nicht der Fall ist."* Eine solche Erfahrung führt zunächst zu einer verstärkten Wahrnehmung von Differenzen und dann zu vermehrter Vorsicht und Anpassung, indem man sich selbst mehr zurücknimmt, auf Distanz geht und verhalten reagiert, wie folgende Aussage illustriert: *"Ich habe erst am Schweizer Arbeitsplatz gemerkt, dass die Unterschiede grösser sind, als ich zuvor dachte, und musste anfangen und lernen, mich anzupassen."*
Sowohl Anpassung als auch Integration nehmen mit wachsender Aufenthaltsdauer zu. Viele deutsche und Schweizer Teilnehmende stellen vertrauensfördernde Lernprozesse fest, wobei sich dieser Lernprozess auf Schweizerseite nicht wie im Kulturschock-Phasenmodell abspielt, sondern eher als Öffnungsprozess bezeichnet werden kann. Dieser geht mit einer "emotionalen Normalisierung" und einem Abbau von Vorurteilen und Abwehrhaltungen einher. Die Schweizer Beschäftig-

ten berichten von grösserer Offenheit, mehr Interesse an der anderen Seite und ihren Beweggründen sowie positivem Näherkommen sowohl im beruflichen als auch im informellen Kontext. So sagen manche: *"Ich wurde offener für Deutsche, lernte die andere Seite kennen"*, *"ich nehme die Unterschiede nicht mehr so ernst, rege mich nicht mehr darüber auf"* usw. In diesem Prozess lassen sich nicht nur Missverständnisse klären (*"Das Ansprechen von Unterschieden hilft dem gegenseitigen Verständnis."*), sondern die Auseinandersetzung mit dem Gegenüber führt auch zu Selbstreflexion, zur Möglichkeit *"weg von allgemeinen Vorurteilen, hin zu gemischten, differenzierteren Erfahrungen"* zu gelangen.

Lernprozesse bedingen ein Umdenken und eine gänzliche Neuorientierung
Deutsche Teilnehmende, die angeben, dass sie keinen Lernprozess vollzogen haben, stellen die Ausnahme dar. Die meisten berichten, dass sie gelernt hätten, sich zurückzuhalten und abzuwarten, statt schnell zu kontern. Auch seien sie diplomatischer, respektvoller und wertschätzender gegenüber Mitarbeitenden als früher.
Wenn Deutsche in einer Vorgesetztenfunktion sind, merken sie mitunter an, dass sie ihre Mitarbeitenden stärker einbeziehen und den basisdemokratischen Ansatz schätzen gelernt haben. Auch betonen einige, dass ein solcher Integrationsprozess nicht Monate, sondern Jahre in Anspruch nehme, da es um ein grundsätzliches Umdenken oder, wie es ein Teilnehmer formuliert hat, um das *"Ablegen der bisher in Deutschland erlernten sozialen Überlebensstrategien"* gehe. Eine deutsche Vorgesetzte aus der Industrie umschreibt diesen Prozess folgendermassen: *"Vermeidung von direkten Aussagen oder einer 'schonungslosen' Analyse von Problemen. Die Kommunikation ist bei mir deutlicher verschoben worden. Heute kommuniziere ich eher vorsichtiger, und falls ich wieder in ein altes Kommunikationsschema zurückfalle, versuche ich zu erklären, dass es nicht persönlich gemeint ist, nur fachbezogen."*
Schweizer Teilnehmende berichten von anderen Lernprozessen, zum Beispiel, dass sie sich besser zu behaupten gelernt haben, direkter kommunizieren und Kritik nicht mehr so persönlich nehmen. So findet aufseiten der Deutschen und aufseiten der Schweizerinnen und Schweizer eine Art Kalibrierung im Hinblick auf die Einordnung und

Relativierung der Reaktionen der jeweils anderen Seite statt. Diese Kalibrierung stimmt noch nicht, wenn etwa die von einer Schweizer-Teamkollegin geäusserte Rückmeldung *"das war jetzt keine so gute Idee"* von der deutschen Kollegin zunächst als nicht weiter tragisch interpretiert wird und sie erst später voll erfasst, dass mit dieser Formulierung die Ablehnung der Idee gemeint ist. Wenn Aussagen nicht richtig eingeordnet werden können, erzeugt dies Stress und Zurückhaltung, was an der Aussage eines seit dreizehn Jahren im Schweizer Detailhandel tätigen Wirtschaftswissenschaftlers ablesbar wird: *"Anfangs war ich völlig überrascht von der Ablehnung, dann erschrocken von den Reaktionen gegenüber Deutschen, dann kam die zweckmässige Anpassung an die Mentalität der Schweizer."*

Eine solche zweckmässige Anpassung ist mit Resignation verbunden und stellt nicht das eigentliche Ziel von Integration dar, vielmehr sollte ein gegenseitiger Lern- und Annäherungsprozess stattfinden, der nur über die Diskussion von Missverständnissen und das Aushandeln der unterschiedlichen Standpunkte laufen kann. Dabei geht es nicht nur um die Auseinandersetzung über das schweizerisch-deutsche Verhältnis, wie die nachfolgende Aussage einer Westschweizerin zeigt. Sie hatte einen Kulturschock, als sie in der Deutschschweiz in ein Arbeitsumfeld mit vielen deutschen Arbeitskollegen kam: *"Für mich sind daher beide Kulturen 'fremd'. Ich verstehe den Humor von Deutschen besser als den der Deutschschweizer. Für mich ist aber der deutsche Arbeitsstil noch hierarchischer als der der Deutschschweizer."*

Ein solcher Kulturschock kann auch heilsam sein, weil er das anfänglich falsche Bild über den Haufen wirft und nach einer Neuorientierung verlangt, welche unsere Sinne und unser Denkvermögen fordert. So stellte sich eine Teilnehmende in dieser Phase der Neuorientierung die Frage, was der Prozess einer Vernehmlassung in der Schweiz eigentlich bedeutet, da sie den Begriff von Deutschland her nicht kannte. Sie fragte sich, was diese Art von partizipativer Konsensfindung soll, wenn danach trotzdem der/die Chef/in entscheidet. Dann erkannte sie, wie durch diesen Meinungsbildungsprozess gewichtige und sinnvolle Argumente erarbeitet werden, die in die Entscheidung des Vorgesetzten einfliessen, was am Ende zu von den Mitarbeitern/innen gestützten, aber auch ausgereiften und umsetzbaren Entscheidungen führt.

So kann sich ein gemeinsamer Lernprozess einstellen, wie ihn sich etwa eine Schweizer Teilnehmerin wünscht: *"Es können doch alle voneinander lernen und den Stil gemeinsam erarbeiten. Damit ergibt sich dann die Firmenpolitik bzw. der hauseigene Führungsstil, welcher sich aus den Inputs seiner Angestellten (egal, welcher Herkunft) herauskristallisiert."*

Raum und Offenheit für Auseinandersetzung führt zu gegenseitiger Akzeptanz und neuer Firmenkultur
Was bei all dem nicht vergessen werden darf, ist, dass Lernprozesse und Integration sowohl Zeit als auch vor allem die Möglichkeiten zur gegenseitigen Auseinandersetzung brauchen. Dafür müssen sich Beziehungen, Teambildungsprozesse sowie Stabilität bilden können. Die grossen Veränderungen der letzten Jahre, nicht nur bezüglich der Einstellung neuer Mitarbeitender aus Deutschland und anderswo, sondern auch bezüglich der vielen Veränderungsprozesse mit Reorganisationen, Fusionen etc., haben viele Mitarbeitende und Vorgesetzte an den Rand ihrer Belastbarkeit gebracht. So meint ein Schweizer Verkaufsleiter aufgrund seiner Erfahrungen in der Personalvermittlung: *"Langsam integrieren – es waren viel zu viele in zu kurzer Zeit. Zuerst mal verdauen und dem Einzelnen Zeit geben – so auch dem Team."*
Hier braucht es folglich Zeit zur Konsolidierung, um verlässliche und vertrauensvolle Arbeitsbeziehungen aufbauen und festigen zu können. Damit auch der Unmut, der in einigen Unternehmen und Institutionen zwischen Schweizern und Deutschen aufgekommen ist, abgebaut werden kann, muss dieses Tabu zunächst einmal durchbrochen und eine gemeinsame Diskussion eingeleitet werden. So fordert ein Schweizer Manager der Logistikbranche: *"Thematisierung in den Firmen! Nur wenn sich alle der Unterschiede klar sind und diese akzeptieren können, können Deutsche und Schweizer auch tatsächlich voneinander profitieren und lernen, und man würde mehr miteinander als nebeneinander arbeiten."*
Dass sie voneinander gelernt haben, berichten viele der Teilnehmenden, auch dass die jeweiligen Eigenschaften sich gegenseitig ergänzen und dadurch das Unternehmen voranbringen können. So wird z.B. gesagt: *"Deutsche sind die 'Macher' – Schweizer setzen auf Qualität. Beide könnten von der Eigenschaft des andern profitieren."* Ei-

nen Gewinn für beide Seiten gibt es jedoch nur, wenn die Konfrontationen und Konflikte bearbeitet und beigelegt werden, sonst verbleiben die Mitarbeiterbeziehungen im kontraproduktiven Bereich zwischen Selbstbehauptung und Fremdabwertung. Solange mehr oder weniger subtile Vorwürfe das Betriebsklima dominieren, wie: *"Deutsche sind von 'ihrem Weg' oft allzu sehr überzeugt und sehen in Schweizern aufgrund des Qualitätsanspruchs oft Bremser; das nervt"*, entstehen statt Synergien "Energiefresser". Wenn sich aber beide selbstkritisch miteinander auseinandersetzen und einen positiven Umgang finden, dann stellt dies einen Mehrwert für das ganze Unternehmen dar.

Somit bedarf es Anstrengungen auf beiden Seiten, wie eine deutsche Eventmanagerin aus ihren zwei Jahren Berufserfahrung in der Schweiz folgert: *"Es ist ein ständiges Geben und Nehmen, und die Globalisierung ist nun mal nicht aufzuhalten. So wie sich die Deutschen an die Schweizer anpassen sollten, so müssen auch die Schweizer lernen, mit mehr Verständnis auf Deutsche zu reagieren."*

Über individuelle Lernprozesse hinaus braucht es ebenso soziale Lernprozesse auf der Ebene von Teams und Unternehmen, nicht zuletzt aber auch auf gesellschaftlicher Ebene. Hier stehen die politischen Kräfte und die Medien in der Verantwortung.

Länger anwesende Deutsche sind sowohl für ihre Landsleute als auch für den Lernprozess insgesamt wichtig

Bereits länger anwesende Deutsche spielen bei Lernprozessen eine wichtige Rolle, denn sie sind den "Neuen" oftmals dabei behilflich, sich zurechtzufinden und geben ihnen Feedback zu ihrer Kommunikationsweise und ihrem Verhalten, wodurch der Lernprozess beschleunigt werden kann. Indem sie auf eigene Erfahrungen zurückgreifen können, laufen sie zudem weniger Gefahr, als lehrmeisterlich eingestuft zu werden. Schweizerinnen und Schweizer unterstützen solche Lernprozesse oft nicht genügend und vermeiden Rückmeldungen, weil sie den Rassismusvorwurf fürchten. Zudem bedarf es einer gründlichen Reflexion und Standortverlagerung, um gegenseitiges Lernen zu ermöglichen. Gibt es hingegen klare Anpassungsforderungen bei gleichzeitiger Empfindlichkeit gegenüber Kritik am Gastland, so ist dies eine denkbar schlechte Voraussetzung für eine konstruktive Auseinandersetzung.

Umgekehrt ist es für Deutsche enorm wichtig, Anpassungsbereitschaft zu signalisieren sowie echtes Interesse am Gastland und Offenheit für seine Besonderheiten zu äussern. Einige der von uns befragten Schweizer Teilnehmenden störten sich daran, wie etwa ein Sozialarbeiter: *"wenn sie nur den Job hier wollen und sich nicht mit der Schweiz beschäftigen wollen, wenn sie sich beklagen, dass wir nicht so offen sind. Ich sehe das auch in ihren Blogs im Internet. Man klagt über alles und jedes, z.B. informieren sie sich gleich über die Sozialleistungen und sind so 'Rosinenpicker'. Sie beklagen sich, was hier alles nicht klappt oder unmöglich ist, das ist typisch für Deutsche. Ich kenne das, weil ich über meine Partnerin viel Kontakte mit Deutschen habe. Sie sind zum Teil wenig bereit, sich zu integrieren, sondern fordern noch. Es kann ihnen mit der Integration nicht schnell genug gehen, aber Integration geht nicht so schnell."*

Die Zeit allein vermindert die Probleme nicht, konstruktive Lernprozesse müssen gezielt gefördert werden
Die Zeit allein richtet es nicht, antwortet etwas mehr als die Hälfte der teilnehmenden Deutschen und Schweizer auf die Frage, ob sich die Kommunikationsschwierigkeiten mit der Zeit legen. Ohne aktive Bemühungen von beiden Seiten kommt Integration nicht zustande. Findet keine Annäherung statt, kann dies zu negativen Lernprozessen führen, wie sie im Rahmen der Studie mehrfach erwähnt wurden, wenn Deutsche berichten, dass sie aufgrund der erfahrenen Ablehnung skeptischer gegenüber ihren Schweizer Kolleginnen und – kollegen geworden sind. Auch Formulierungen wie *"man warnt sich gegenseitig"* oder *"kämpfe nun mit härteren Bandagen"* deuten auf ungute Bewältigungsstrategien und mögliche Abschottungsprozesse hin. Andere negative Lernprozesse bestehen in Vermeidungs- und Umgehungsmanövern, so etwa, wenn aufgrund von Führungskonflikten deutsche Vorgesetzte es vorziehen, deutsche Mitarbeitende einzustellen, da sie diese für unkomplizierter und leistungsbereiter halten. Dies zeigt, dass es für konstruktive Lernprozesse zur Verbesserung des schweizerisch-deutschen Verhältnisses noch einiges zu tun gibt.
Integration ist in der Tat ein langwieriger Vorgang, der die Bereitschaft voraussetzt, das eigene Verhalten zu reflektieren, und der durch Rückmeldungen und gemeinsame Auseinandersetzungen unterstützt und beschleunigt werden kann. Unternehmen und Institutionen

müssen in die Pflicht genommen werden, über vorhandene Missstimmungen und Konflikte nicht hinwegzusehen und Probleme aktiv anzugehen. Das heisst aber auch, zuerst einmal Scheuklappen abzulegen und Tabus zu durchbrechen, was Mut und eine offene Kommunikationskultur voraussetzt.

In diesem Zusammenhang gilt es für ein Unternehmen und im weiteren Sinne auch die Gesellschaft zu bedenken, dass tolerantes Verhalten nicht primär durch eigene Einstellungen, sondern vielmehr durch seine soziale Erwünschtheit beeinflusst wird (vgl. Gasser/Tan 1999). Denn die Ergebnisse der Studie von Gasser und Tan (vgl. ebd.) zeigen, dass es weniger die genuinen Haltungen eines Individuums sind, die das interkulturelle Verhalten gegenüber der Fremdgruppe prägen, sondern vielmehr die Wahrnehmung, ob dieses Verhalten sozial erwünscht ist. Demzufolge ist es für Unternehmen, aber auch für die Gesellschaft insgesamt wichtig, darauf zu achten, welche Signale ausgesendet werden. Die Sanktionierung bzw. Diskreditierung rassistischen Handelns und Denkens kann ein solches Signal sein, doch genügt es alleine nicht, einen respektvollen Umgang zu fördern.

Da, wo Toleranz und interkulturelle Kompetenz gefördert und geschätzt werden, kommt es vermehrt zu positiv erlebten Kontaktsituationen mit Mitgliedern der Fremdgruppe (vgl. Mendenhall et al. 2004), und dies wiederum verstärkt die Offenheit aller Beteiligten. Deshalb ist es von fundamentaler Bedeutung, dass nicht allein die interkulturelle Sensibilität der Deutschen gefördert wird, um die Integration in ihren neuen Lebens- und Arbeitskontext zu erleichtern, sondern gerade auch die Inländer in einen gemeinsamen Lernprozess einbezogen werden. Nur dann können beide Seiten gleichermassen von der "Verbesserung der wechselseitigen Handlungskompetenz" (Woltin/Jonas 2009:482) profitieren.

Im Arbeitsbereich stellt der "culture assimilator" eine wichtige Lernmethode zur Erweiterung der interkulturellen Kompetenz dar, welcher auf Flanagans (1954) Methode der kritischen Ereignisse ("critical incidents") basiert. Der Assimilator sieht das Durchspielen kritischer Situationen und konflikthafter Interaktionen zwischen Personen der eigenen und der fremden Kultur vor, wodurch ein erweitertes Problemverständnis gefördert wird. Dabei ist es wichtig, dass die aufgezeigten Situationen möglichst realitätsnah sind und bei den Beteiligten Dilemmas erzeugen, damit sie sich ernsthaft mit den Fällen auseinandersetzen und nach Lösungen suchen müssen. Zur Erklärung der aufgezeigten "critical incidents" im Sinne von Schlüsselsituationen, welche mit Konflikten und Missverständnissen verbunden sind, werden verschiedene Erklärungs- und Interpretationsmuster vermittelt, die gegeneinander abgewogen und diskutiert werden. Das Lernziel besteht in einer differenzierteren Problemwahrnehmung, der Perspektivenerweiterung sowie einer gesteigerten Sensibilität gegenüber kulturellen Codes und den damit verbundenen Kommunikations- und Verhaltensweisen.

Bei solchen Lernformen sollte jedoch zu Beginn immer auf die vorherrschende Gruppendynamik unter den Teilnehmenden geachtet werden. Falls nämlich ein emotionsgeladenes Klima vorherrscht und die Fronten verhärtet sind, ist meist keine offene Auseinandersetzung möglich und es kann zu Bumerangeffekten kommen, indem zusätzliche negative Erfahrungen mit der Fremdgruppe gemacht werden (vgl. Eser Davolio 2000; Eckmann/Eser Davolio 2003).

8. FAZIT

Schwierigkeiten ergeben sich dann, wenn sich Situationsdefinitionen der Kommunikationspartner/innen, wie Habermas es ausdrückt, nicht "hinreichend überlappen" (ebd. 1995:185). Diese hinreichende Überlappung scheint insbesondere in heiklen Gesprächssituationen zwischen Deutschen und Schweizern, wie etwa beim Anbringen von Feedback und Kritik oder in Entscheidungsfindungsprozessen nicht immer gegeben zu sein.

Fehlt beiden Seiten die Erfahrung im Umgang miteinander, fehlt es auch am notwendigen „Beziehungswissen" zur Entschlüsselung der Botschaften. Solche Differenzen an Beziehungwissen und halbbewussten Erwartungshaltungen sind meist schwierig zu klären. Die unausgesprochenen Missverständnisse führen in der Folge zu gegenseitigen Vorbehalten und Abwertungen, welche mitunter auch generalisiert werden. Dass solche interkulturellen Spannungen und Konflikte in Unternehmen oftmals nicht angesprochen und tabuisiert werden, hat mit der Angst vor Rassismusvorwürfen zu tun. Die Vorbehalte und der Missmut gegenüber der anderen Gruppe werden dann in Form von Getuschel und Lästern unter Gleichgesinnten „bearbeitet". Die schwelenden Konflikte und Abschottungsprozesse wirken sich schädlich auf die Kooperation und das Arbeitsklima innerhalb eines Unternehmens aus.

Wichtig ist deshalb die Schaffung eines konstruktiven Settings, in welchem elementare Spielregeln des Zuhörens und Aufeinandereingehens eingehalten werden. Es gilt dann, einen Schritt von der eigentlichen Begegnungserfahrung auf die Reflexionsebene zu machen, indem zum Beispiel die Unterschiede und Ähnlichkeiten zwischen den eigenen Beobachtungen und denen der Mitglieder der Fremdgruppe herausgearbeitet werden. Ziel ist die Vermittlung zwischen dem Bewusstsein für die eigene Kultur und der Einfühlung in eine fremde und manchmal befremdliche andere Kultur (vgl. Hoffmann 2002), sodass die individuellen respektive kollektiven Einschätzungen von Ähnlichkeit und Verschiedenheit zwischen Schweizern und Deutschen neu aufgerollt und überholt werden können. Eine intensive und differenzierte gemeinsame Auseinandersetzung verändert den Blickwinkel der Beteiligten und schafft gleichzeitig Verständnis und Achtung für die Denkweise des jeweils "anderen". Dies wiederum stellt die Basis für wechselseitige Sympathie und Verbundenheit dar – ein hehres Ziel, aber nicht unerreichbar, wie einige der Antworten in unserer Befragung zeigen.

Mit dem nachfolgenden praktischen Teil zur Konfliktbearbeitung in einem Krankenhaus von Pascale Meyer möchten wir aufzeigen, wie durch eine differenzierte Problemanalyse und die Vermittlung unter allen Konfliktbeteiligten ein konstruktiver Verständigungsprozess initiiert werden kann.

Teil II: Interkulturelle Konflikte überwinden – Ein Beispiel aus der Beratungspraxis

PASCALE MEYER

1. AUSGANGSSITUATION

In einem *informellen Gespräch* mit einem Leitungsmitglied eines schweizerischen Krankenhauses[1] über generelle Veränderungen im Gesundheitsbereich wurde auch die Zusammenarbeit zwischen Schweizern und Deutschen Thema. Ausgehend von einem Konflikt zwischen einem schweizerischen Oberarzt und einem deutschen Chefarzt wurde dabei nach und nach die allgemeine Dimension der Problematik deutlich.

Im konkreten Fall waren sich der neue deutsche Chefarzt einer Klinik und ein Schweizer Oberarzt so in die Haare geraten, dass eine Zusammenarbeit kaum noch möglich war. Der besagte Oberarzt hatte zuvor interimistisch die Leitung der Klinik innegehabt, nun fühlte er sich vom neuen Chefarzt überrollt und vor den Kopf gestossen. Aus seiner Sicht wurde er in der Übergangszeit kaum beraterisch hinzugezogen und es wurde vom neuen Chef nicht honoriert, was er in der Zwischenzeit geleistet hatte. Es gab keine klaren Absprachen, wie die Übergabe funktionieren soll, vielmehr musste der Schweizer Oberarzt einfach das Feld räumen. Der deutsche Chefarzt beklagte sich seinerseits über seinen Schweizer Mitarbeiter. Er erklärte, dass dieser Mit-

---

[1] Die Kantone in der Schweiz verwenden unterschiedliche Begriffe für verschiedene Hierarchieebenen in Krankenhäusern. Da ist von Kliniken, Departementen, Instituten, Zentren sowie von Spitalleitung, Direktion usw. die Rede. Ich habe mich hier für folgende Bezeichnungen entschieden: Das oberste Gremium des gesamten Krankenhauses nenne ich "Krankenhausleitung". Mit der Bezeichnung "Klinik" meine ich einen Teilbereich des Krankenhauses, wie z. B. Radiologie, Frauenklinik, Chirurgie oder innere Medizin. Mit der Bezeichnung "Chefarzt" ist die Leitung einer Klinik gemeint. Schlussfolgerungen im Hinblick auf den Kanton, auf den sich das Praxisbeispiel bezieht, können daraus nicht gezogen werden.

arbeiter Schwierigkeiten hat, Entscheidungen zu akzeptieren. Aus seiner Sicht bedeutet es einen Zeit- und Ressourcenverlust, Mitarbeitende lediglich der Form halber zu fragen und dann doch selbst zu entscheiden. Verschärft wurde die Situation in dieser Klinik dadurch, dass auch andere Mitarbeitende immer wieder klagten, von der Leitung nicht in Entscheidungsprozesse einbezogen zu werden. Sie hatten das Gefühl, für den Chefarzt lediglich "Befehlsempfänger" zu sein, und zwar in einem Ausmass, das die Grenzen des Zumutbaren und Erträglichen für sie überschritt. In der besagten Klinik herrschte "generell eine schlechte Stimmung". Seitens der Krankenhausleitung gab es immer wieder Versuche, Gespräche mit den Beteiligten zu führen, um den Klinikchef und seine Mitarbeitenden dabei zu unterstützen, ihre Konflikte zu lösen. Geholfen haben diese Interventionen aus der Sicht der Krankenhausleitung herzlich wenig, jedoch enorm viel Zeit, Geld und natürlich Nerven gekostet. Inzwischen haben bereits einige Schweizer Mitarbeitende die Klinik verlassen. Neben dem Umstand, dass damit wertvolles Fachwissen verloren geht, kostet es das Krankenhaus viel Zeit und Geld, neue Mitarbeitende zu finden und einzuarbeiten.

In der Wahrnehmung der Krankenhausleitung ist dieser Fall durchaus symptomatisch. So erklärte mir der Vertreter der Krankenhausleitung in unserem Gespräch, er höre immer öfter, dass sich unter Pflegekräften, Ärztinnen und Ärzten die Haltung verbreitet, dass man sich als Schweizer an bestimmten Kliniken wegen der dort tätigen deutschen Chefärzte gar nicht mehr bewerben solle. Dieser Imageschaden beschränke sich mittlerweile nicht mehr nur auf die Schweizer Mitarbeitenden, sondern auch Patientinnen und Patienten beklagten sich zunehmend über deutsche Umgangsformen. Beispielsweise habe sich erst kürzlich eine Patientin zutiefst betroffen über einen deutschen Pfleger beschwert, der, als sie ihn um Hilfe beim Aufstehen bat, geantwortet habe: "Nein, jetzt gerade nicht." Äusserungen von Patientenseite wie: "Was ist denn das für ein Tonfall", "so kann man doch nicht mit Patienten umgehen", "diese Art und Weise des Umgangs muss man sich wirklich nicht gefallen lassen" mehren sich.

Im Gespräch wurde deutlich, dass es sich bei den angesprochenen Konflikten nicht nur um unterschiedliche persönliche Befindlichkeiten handelt, sondern dass vor allem das Thema der unterschiedlichen Kultur von Deutschen und Schweizern eine Rolle spielt. Dem Vertreter der Krankenhausleitung ging es dabei nicht darum, die deutschen Mitarbeitenden allein für die Probleme verantwortlich zu machen, vielmehr stimmte er der Einschätzung zu, dass die Herausforderung im Bereich der Kommunikation liegt, die immer von beiden Seiten geprägt ist. Für die nächste Besetzung einer Leitungsstelle durch eine deutsche Führungskraft vereinbarten wir eine externe Begleitung, um die Beteiligten möglichst frühzeitig für die Kommunikationsebene zu sensibilisieren und damit grössere Schwierigkeiten zu vermeiden.

Nach der Einstellung eines aus Deutschland stammenden neuen Klinikchefs, wurde zur genaueren Auftragsklärung und Zielsetzung ein *Erstgespräch* mit allen Mitgliedern der Krankenhausleitung (hierzu zählen u.a. die Ärztliche Direktion, die Direktion Pflege und die Direktion Finanzen, etc.) geführt. Im Erstgespräch wurden Sichtweisen, Einschätzungen, Erfahrungen und Wünsche gesammelt sowie Ziele definiert. Die Leitungsebene war einheitlich der Ansicht, dass aus den Fehlern der Vergangenheit Lehren zu ziehen sind, dass die Organisation im Hinblick auf das Thema Interkulturalität und dessen Potenzial zu entwickeln ist, auch um mögliche destruktive Konfliktspiralen von vornherein zu durchbrechen.

Im Dialog mit der Krankenhausleitung wurde auch der oben dargestellte Fall noch einmal genauer analysiert, um weitere Konkretisierungen des Beratungsauftrags vorzunehmen. Selbst wenn jede Situation immer wieder anders ist, besteht die Annahme, dass gewisse Problematiken personenunabhängig sind. Im Hinblick auf den Konflikt zwischen Oberarzt und Chefarzt wurde festgestellt, dass es nie einfach ist, nach einer Interimsleitung hierarchisch wieder "abzusteigen" und eine neue Leitung "vorgesetzt" zu bekommen, völlig unabhängig davon, ob die neue Leitung nun aus Deutschland oder aus der Schweiz stammt. Eine solche Situation ist immer potenziell konfliktgeladen und nie ausschliesslich interkulturell bedingt. Auffallend war aber das Ausmass des Konflikts und das absolute Unverständnis zwischen den beiden Hauptbeteiligten. Daher wurde es als wichtig erachtet, dieses Thema bei dem anstehenden Leitungswechsel ebenfalls unter dem interkulturellenAspekt zu beleuchten und zu bearbeiten.

In den Gesprächen mit den Mitarbeitenden der Klinik hatten sowohl deutsche als auch schweizerische Mitarbeitende einerseits immer wieder betont, der neue Chef sei "einfach schwierig", er lasse "keinen anderen neben sich gelten", während der Umstand, dass er aus

Deutschland stammt, für sie keine grosse Rolle spiele. Auch die Frage eines Vertreters der Krankenhausleitung, wie die Mitarbeitenden generell die Zusammenarbeit zwischen deutschen und Schweizer Kollegen beurteilen, wurde sowohl von den meisten deutschen als auch von den meisten Schweizer Mitarbeitenden dahingehend beantwortet, dass keine grossen Unterschiede wahrgenommen würden. Andererseits gab es vereinzelte Mitarbeitende (sowohl Schweizer als auch Deutsche), denen kulturelle Unterschiede und deren Auswirkungen auf die Zusammenarbeit aufgefallen waren, was jedoch aus ihrer Sicht nur selten reflektiert, geschweige denn offen thematisiert wurde.

Die Krankenhausleitung verdeutlichte vor dem Hintergrund dieser Äusserungen ihre Auffassung, dass die Ursachen bestehender Konflikte von den Akteuren zwar primär interpersonell gedeutet werden und die Sensibilität für das Thema der kulturellenUnterschiede wenig ausgeprägt ist, zwischen Deutschen und Schweizern aber durchaus kulturelle Unterschiede bestehen, welche die Zusammenarbeit beeinträchtigen oder gar verunmöglichen können. Aus diesem Grund erachtete die Krankenhausleitung es als wichtig, dieses Thema beim anstehenden Leitungswechsel in einer anderen Klinik genauer zu beleuchten und zu bearbeiten, wobei nicht nur die Führungsebene, sondern auch die Ebene der Mitarbeitenden extern begleitet werden sollte.

2. DER BERATUNGSAUFTRAG

Im Zentrum des *Beratungsauftrags* stand also die Frage, wie Mitarbeitende und Führungskräfte aus beiden Kulturen voneinander und miteinander lernen und sich im Arbeitskontext weiterentwickeln können, um dadurch einen Mehrwert für die Klinik und das Krankenhaus insgesamt zu schaffen. Hierzu gehörte auch der konstruktive Umgang mit Konflikten. Die *Ziele der Beratung* wurden entsprechend definiert:

☐ Der *Übergang von einer schweizerischen Interimsleitung zu einer deutschen Leitung* sollte optimiert werden. Beide Seiten sollten Möglichkeiten entwickeln, diesen Übergang "weich" zu gestalten und konstruktiv mit allenfalls entstehenden Schwierigkeiten umzugehen. Konflikte und Eskalationen, die dazu führten, dass die Arbeitsfähigkeit gefährdet würde, sollten vermieden werden. Ein konstruktiver Umgang mit Konfliktsituationen sollte ausgebaut werden.

☐ Das *Rollenverständnis von Führungskräften und Mitarbeitenden* sollte reflektiert und weiterentwickelt werden. Hier ging es insbesondere auch um das Thema Führung im interkulturellen Zusammenhang. Dieses Thema sollte von Deutschen *und* Schweizern, von Führungskräften *und* Mitarbeitenden bearbeitet werden.

☐ Bei Mitarbeitenden und Führungskräften sollte die *interkulturelle Kompetenz* verbessert werden. Dies erforderte die Sensibilisierung für (auch vermeintliche) Ähnlichkeiten und Unterschiede zwischen der schweizerischen und der deutschen Kultur und bewegliche Wahrnehmungs- und Denkmuster in Bezug auf den interkulturellen Kontext, welche durch Perspektivenwechsel entwickelt werden sollten.

☐ Die Mitarbeitenden und Führungskräfte sollten ihre *Kommunikationskompetenzen* erweitern. Dies beinhaltete die Reflexion der eigenen Perspektive und der eigenen Kommunikationsmuster.

☐ Die Mitarbeitenden und Führungskräfte sollten *Konfliktsituationen* früher erkennen können. Hierfür war es notwendig, das Verständnis für *Konfliktstrukturen* und die Fähigkeit zum konstruktiven Umgang mit Konflikten zu verbessern. Konkrete Konflikte sollten als Ausgangspunkt dafür dienen, Möglichkeiten der *Konfliktlösung* zu erarbeiten und dadurch neue Handlungsmuster zu entwickeln. Da es sich bei der Beratung immer um einen Prozess handelt, war es wichtig, die unterschiedlichen Phasen zu berücksichtigen und entsprechend zu begleiten. Alle Beteiligten auf allen Ebenen waren in den Prozess einzubeziehen. Deshalb galt es, vorab genau zu klären, wer alles zu den Beteiligten gehörte.

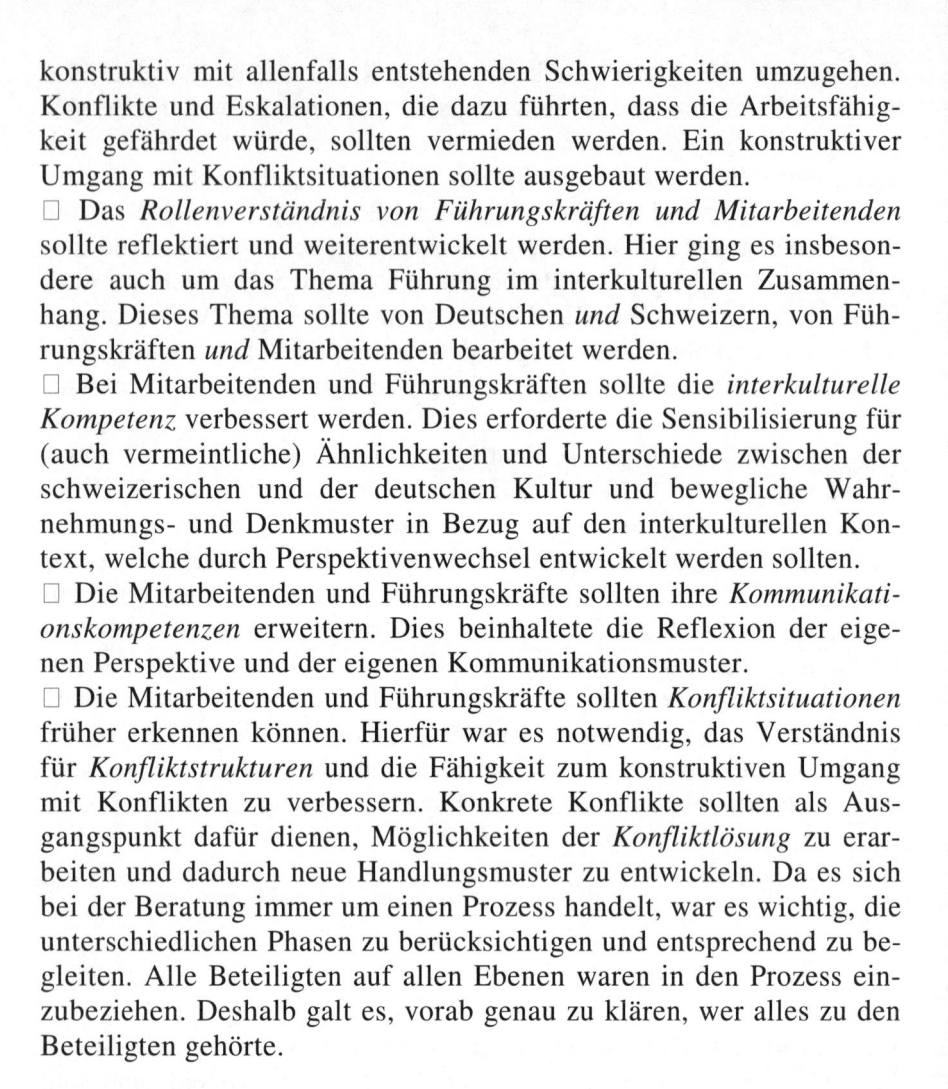

3. DER SYSTEMISCH-KONSTRUKTIVISTISCHE ANSATZ

Methodische Grundlage für die Beratung war der "*konstruktivistisch-systemische Ansatz*". Der radikale Konstruktivismus geht davon aus, dass Realität immer subjektiv konstruiert wird. Was wir z.B. hören, bildet nicht einfach ab, was jemand zu uns sagt, sondern wird im Ge-

hirn des Zuhörers konstruiert und mit Werten, Erfahrungen, Vorstellungen etc. verknüpft. Daraus folgt, dass es, konstruktivistisch gesehen, nicht ein "richtig" und "falsch", sondern lediglich unterschiedliche Betrachtungsweisen ein und derselben Situation gibt.
In der systemisch geprägten Beratungsarbeit mit Einzelnen, Teams oder Abteilungen wird immer das gesamte System, in dem Probleme auftauchen, berücksichtigt und einbezogen, auch wenn zunächst nur einzelne Personen betroffen zu sein scheinen. Was bedeutet nun aber "System"? Ein System ist eine Menge von Elementen, zwischen denen bestimmte Verknüpfungen und Beziehungen bestehen (vgl. Wagner 1995:14). Nach Sonja Radatz (2003:57f.) ist ein System ein Konstrukt, das aus Strukturen, Regeln, Beziehungen, Kommunikation und Handlungen besteht. Systeme sind mehr als die Summe ihrer Teile, sowie z.B. auch Musik mehr als die Summe der einzelnen Töne ist.
In unserem Fall interessiert uns das System des Krankenhauses bzw. das Subsystem der Klinik. Bei Organisationen können unter anderem drei "grundlegende Spielmuster" (oder auch Logiken) identifiziert werden (vgl. Looss 1996:232ff.), die durch musterhafte, geregelte und eingeübte Verhaltensgewohnheiten der Organisationsmitglieder entstehen und gleichzeitig deren Handlungs-, Kommunikations- und Entscheidungsmuster beeinflussen. Einerseits dienen sie der Reduktion von Komplexität und geben Orientierung, andererseits engen sie aber auch ein und erschweren Veränderungen.
Bei den drei "Spielmustern" handelt es sich um ziel-, regel- und werteorientierte Muster. Grundsätzlich wird jede Organisation durch alle drei genannten Logiken geprägt, wobei es aber auch immer eine Art "Hauptfärbung" gibt (vgl. Looss 1996:234).

☐ Bei *zielbezogenen Musterbildungen* ist die Kommunikation auf einen als gewünscht definierten Endzustand gerichtet. Das Ziel ist der Hauptorientierungspunkt, wie dies in der Wirtschaft der Fall ist. Im Produktionsbereich beispielsweise gilt es, schneller als die Konkurrenz ein Produkt zu kostengünstigen Konditionen auf den Markt zubringen.

☐ Bei *regelbezogenen Musterbildungen* geben Regeln Orientierung und ordnen, indem sie dauerhaft "falsch" und "richtig" definieren. Die Verwaltung ist hierfür ein Beispiel. Sollte eine Situation im Verwaltungsbereich nicht durch Verordnung, Richtlinie oder Gesetz geregelt sein, so wird tendenziell nicht wie in der Wirtschaft schnell nach

Abwägung der Chancen und Risiken für die Zielerreichung entschieden, sondern es muss erst ein Gesetz, eine Verordnung oder eine Richtlinie erstellt werden.

☐ Bei *wertebezogenen Musterbildungen* bildet ein Konzept von "Gut und Böse" die Basis für die innere Orientierung der Organisation, d.h. bei Entscheidungen spielen Werte wie z.B. Gleichbehandlung eine Rolle. Das werteorientierte Muster ist insbesondere in sozialen Einrichtungen anzutreffen. Wie bereits erwähnt, beinhaltet grundsätzlich jede Organisation alle drei genannten Logiken, setzt aber einen Schwerpunkt bei der Gewichtung.

Welche Musterbildung ist nun in der Organisation „Krankenhaus" prägend und wie beeinflusst sie Wahrnehmung, Denkweise und Kommunikation?

Unterstützend für eine Hauptzuordnung zu einem Muster kann die Frage sein, welcher Aspekt für eine Entscheidung in der Organisation ausschlaggebend ist bzw. im Zweifel Vorrang vor den anderen Aspekten hat. Ist das Ziel, das Befolgen einer Regel oder das Einhalten von gewissen Werten?

Bei Krankenhäusern dominiert meines Erachtens die Regelorientierung. Die regelorientierte Musterbildung in Krankenhäusern bedeutet nicht, dass keine Ziele verfolgt werden oder dass Werte keine Rolle spielen. Sie besagt nur, dass sich die Organisation im Zweifelsfall für das Einhalten der Regel (Richtlinie, Verordnung, Absprache mit dem zuständigen Regierungsrat, etc.) „entscheidet". Die regelorientierte Musterbildung von Krankenhäusern bedeutet auch, dass diese eher hierarchisch orientiert sind. Mehr oder minder überspitzt ausgedrückt heisst das: "Ober sticht Unter". Ein Beispiel für die Hierarchie des Krankenhauses ist die medikamentöse Einstellung eines Patienten. Die obere Hierarchieebene (Arzt) holt sich Informationen von der unteren (Pflege), diskutiert mit ihr gegebenenfalls auch das Vorgehen, trifft die Entscheidung letztlich jedoch allein. Die Hierarchiestufen lassen sich auch äusserlich klar unterscheiden, sie können sich z.B. in der Sprache oder der Kleidung ausdrücken. Ein anderes Beispiel hierfür ist die Architektur. Das Dienstzimmer der Pflegekräfte sieht anders aus als das Zimmer eines Assistenzarztes und dieses wiederum anders als das Arbeitszimmer eines Chefarztes. Die Hierarchie ist hier an der Grösse der Besprechungsräume, der Qualität des Mobiliars etc. erkennbar. Solche hierarchisch bedingten Unterschiede dienen dazu,

Komplexität zu reduzieren, damit das System handlungsfähig bleibt. Gleichzeitig birgt jedoch jede Komplexitätsreduktion die Gefahr einer Verzerrung in sich.

Mit dem Thema Hierarchie befinden wir uns bereits mitten in der Problematik der interkulturellen Unterschiede zwischen Deutschen und Schweizern, denn beide betrachten zwar Hierarchien als gegeben, aber ihr Verständnis von Hierarchie und von der Kommunikation in Hierarchien sowie deren Bewertung ist jeweils ein anderes. Die Art und Weise, wie sich z.B. Respekt vor höheren Hierarchiestufen äussert, kann sehr verschieden sein, etwa im Hinblick auf einen unterschiedlichen Umgang mit Titeln, das Siezen, Einladungen zu Besprechungen usw. Durch die Schweizer Brille gesehen und bewertet erhalten wir beispielsweise den Eindruck, dass Schweizer auch untere Hierarchiestufen stärker einbeziehen als Deutsche. Ob dem tatsächlich so ist, werden wir an späterer Stelle etwas genauer beleuchten.

4. BERATUNGSDESIGN

Bei der Entwicklung des Beratungsdesigns und der Beratungsinhalte ist dem Umstand, dass Hierarchien in einem regelorientierten System wie dem Krankenhaus ausgeprägt sind, Rechnung zu tragen.

☐ Wie wichtig und ernsthaft eine Interventionsmassnahme wie die hier dargestellte wahrgenommen wird, findet in Organisationen mit ausgeprägten Hierarchien seinen Ausdruck vor allem darin, auf welcher Hierarchiestufe sie initiiert wird und welche Hierarchiestufen sie umfasst. Für einen erfolgreichen Beratungsprozess ist es günstig, wenn er auf der oberen Hierarchieebene beginnt und erst zu einem späteren Zeitpunkt auf die Ebene der Mitarbeitenden ausgedehnt wird ("top-down").

☐ In hierarchisch ausgeprägten Organisationen werden "Muster in der Organisation" durch die obere Hierarchieebene geprägt. So werden Kommunikationsstile, Betrachtungsweisen, der Stil des Umgangs miteinander, mit Klienten oder Kunden etc. von den oberen Hierarchieebenen beeinflusst, ob sich die Mitglieder der Organisation dessen bewusst sind oder nicht. Soll also die Kommunikation verändert werden, ist es auch unter diesem Aspekt sinnvoll, mit der obersten Hierarchiestufe – die eine Art "Vorbildfunktion" hat – zu beginnen.

☐ Führungskräfte bewegen sich in einem Spannungsfeld. Einerseits sollen sie ihren Mitarbeitenden Orientierung bieten, andererseits sind sie durch die Beratungssituation gefordert, sich selbst einer Phase der Orientierungslosigkeit auszusetzen, in der bekannte Muster durch das Erlernen neuer Muster ersetzt werden. Je stärker regelorientiert eine Organisation ist, desto schwieriger wird es sein, diese Art des Lernens hierarchieübergreifend zu gestalten. Daher sind Workshops, in denen Führungskräfte und Mitarbeitende gemeinsam arbeiten, bereits durch die Durchmischung der Hierarchieebenen, insbesondere für die Führungskräfte eine grosse Herausforderung.. Je höher deren Position ist, desto herausfordernder gestaltet sich das Lernen in hierarchisch gemischten Gruppen. In verschiedenen Situationen empfiehlt es sich, Lernprozesse nur in hierarchisch einheitlichen Gruppen durchzuführen.

☐ Das Thema Hierarchie spielt natürlich auch in der Beziehung zwischen der Interimsleitung und der neuen Leitung eine wichtige Rolle. Wie kann die "Zurückstufung" der Interimsleitung auf eine Weise gestaltet werden, bei der sie ihr Gesicht nicht verliert? Wie schafft es die neue Klinikleitung, wertschätzend mit der bisherigen Leitung umzugehen und gleichzeitig die eigene Position so zu definieren, dass die Mitarbeitenden ihr folgen? Für eine konstruktive Gestaltung des Wechsels ist es hilfreich, die unterschiedlichen Perspektiven im Hinblick auf Hierarchieverständnis, Führungsverständnis, Rollenverständnis und Rollenwechsel zu klären. Der Austausch über die unterschiedlichen Sichtweisen bietet relevante Informationen über die Kultur des Gegenübers. Er erweitert die Möglichkeiten für einen "weichen" Wechsel. Widerstand kann reduziert werden, Lernen wird möglich. Ziel ist es, die "Stabübergabe" gemeinsam und für alle Beteiligten optimal zu gestalten. Gleichzeitig ist es wichtig, dass sowohl dieInterimsleitung als auch die neue Leitung die Möglichkeit haben, bestimmte Themenfelder individuell zu bearbeiten.

☐ Nicht nur aus der Perspektive der Führungskräfte, sondern auch aus derjenigen der Mitarbeitenden spielt das Thema Führung eineRolle. Ob der Chef Schweizer oder Deutscher ist, macht einen Unterschied, denn das Verständnis von Führung, Hierarchie, Kommunikation, Konflikten etc. ist kulturell unterschiedlich. Daher ist es wichtig, bei Führungswechseln nicht nur die Leitung zu begleiten, sondern auch die Mitarbeitenden. Ebenso wie die Leitung sollen auch die Mitarbeitenden das Thema "Interkulturalität" in Bezug auf unterschiedliche Hierarchieebenen bearbeiten und nicht nur in Bezug auf die eigene.

☐ Jeder Umfeldwechsel, so auch ein Wechsel aus Deutschland in die Schweiz, beinhaltet sehr viel Neues. Man zieht in eine neue Stadt, in ein neues Land, lernt neue Menschen kennen, arbeitet in einem neuen Unternehmen usw. Eigentlich ist so ziemlich alles neu. In solchen Situationen haben wir die Tendenz, unsere bisherigen Muster (Verhaltensmuster, Kommunikationsmuster) und auch unsere Werte zu verstärken. Sie stellen eine Konstante dar, an der wir uns orientieren können. Weil dieser Automatismus greift, empfiehlt es sich, mit der Beratung *vor* dem Umfeldwechsel zu beginnen. Denn im bekannten Umfeld fällt es meist etwas leichter, bisherige eigene Muster und Perspektiven infrage zu stellen. Herausfordernd genug bleibt es. Entsprechend ist es bei Konzernen, wenn sie Mitarbeitende ins Ausland versetzen, eine Selbstverständlichkeit, dass diese auf die neue Umgebung vorbereitet werden. Nicht so bei einem Unternehmenswechsel, wie er in unserem Fall vorliegt. Da die Vorzüge einer Beratung *vor* dem Umfeldwechsel die Krankenhausleitung überzeugt haben, hat sie sich bereit erklärt, auch die Kosten für die Beratung der deutschen Führungskraft vor dem Umzug in die Schweiz zu übernehmen.

☐ Es ist sinnvoll, dass sowohl die zukünftige Leitung als auch die Interimsleitung gewisse Themen einzeln bearbeiten. Wenn nun mit der Beratung der Leitung bereits vor Stellenantritt begonnen wird, so empfiehlt es sich, auch mit der Beratung der Interimsleitung rechtzeitig vor dem Stellenantritt der neuen Leitung zu beginnen.

Daraus ergeben sich vier Phasen des Beratungsprozesses:
1. Phase – Vorbereitung: In dieser Phase wird die Leitung begleitet. Sowohl die künftige deutsche Leitung als auch die bisherige schweizerische Interimsleitung werden individuell gecoacht.
2. Phase – Stabübergabe: Der Prozess des Übergangs der Führung von der Interimsleitung an die künftige Leitung wird begleitet. Es folgen erste detaillierte Workshops für die Mitarbeitenden.
3. Phase – Umsetzung und Durchführung: Bei Bedarf wird die Leitung weiterhin begleitet. Mit den Mitarbeitenden finden weitere Workshops statt.
4. Phase – Abschluss: Den Abschluss bildet ein gemeinsamer Workshop mit Mitarbeitenden *und* Führungskräften. Ein halbes Jahr später soll ein weiterer Workshop stattfinden. Dieser dient zur Überprüfung, was von den erarbeiteten Ergebnissen und dem Gelernten im Arbeitsalltag umgesetzt und gelebt wird, was nicht, und wie künftig damit umgegangen werden soll.

5. THEMEN DER WORKSHOPS

Die Workshops für die Mitarbeitenden bestanden aus einer Mischung aus Selbstreflexion, Diskussionen, Übungen sowie theoretischem Input. Sie dauerten jeweils mindestens zweimal zwei Tage. Konfliktsituationen, die während des Arbeitens entstanden, wurden aufgegriffen und auf der Metaebene (siehe Kapitel 7) reflektiert. Viele Fragen wurden bearbeitet, diskutiert und eigene Betrachtungsweisen hinterfragt: Weshalb sehe und bewerte ich Dinge, Menschen, Verhaltensweisen, Kommunikation so, wie ich es tue? Mit welchenMassstäben bzw. Parametern messe ich überhaupt und wie sind sie entstanden? Was bedeutet Perspektivenwechsel? Will ich meine Perspektive wechseln, und wenn nein, warum nicht?

Unter anderem bearbeiteten die Mitarbeitenden folgende Themen:
☐ Was ist Kultur? (Verständnis von Kultur)
☐ Welche Unternehmenskultur herrscht hier bei uns? Was ist an dem Krankenhaus typisch schweizerisch? (Verständnis von Unternehmenskultur)

- Wie kommunizieren wir? Welche Besonderheiten in der Kommunikation sind bei uns üblich/unüblich? Was verstehe ich wie? Weshalb verstehe ich etwas so, wie ich es verstehe? (Kommunikationsverständnis)
- Was ist ein Konflikt? Wann liegt ein solcher vor? (Konfliktverständnis)
- Was bedeutet Ähnlichkeit/Fremdheit? Woran erkenne ich sie? (Verständnis von und Umgang mit Ähnlichkeit/Fremdheit, Vorurteilen, Widerstand, Selektionsmechanismen)
- Was heisst Führung und was heisst Leitung? Wie bzw. nach welchen Kriterien bewerte ich sie (positiv/negativ)? (Führungsverständnis)
- Wie sind wir Schweizer / wir Deutschen? Wie sehen wir Schweizer / wir Deutschen die Deutschen / die Schweizer? Was nervt mich bei den Deutschen / den Schweizern? Wie werden wir Schweizer / wir Deutschen von den Deutschen / den Schweizern gesehen? (Selbst- und Fremdwahrnehmung in Bezug auf unterschiedliche Nationalitäten)
- Wie sind wir Pfleger / wir Ärzte / wir Verwaltungsangestellte? Wie sind die Pfleger / die Ärzte / die Verwaltungsangestellten? (Selbst- und Fremdwahrnehmung in Bezug auf unterschiedliche Berufsbilder)
- Was heisst interkulturelle Kompetenz? Wie/wodurch kommt sie zum Vorschein? (Verständnis von Interkulturalität)

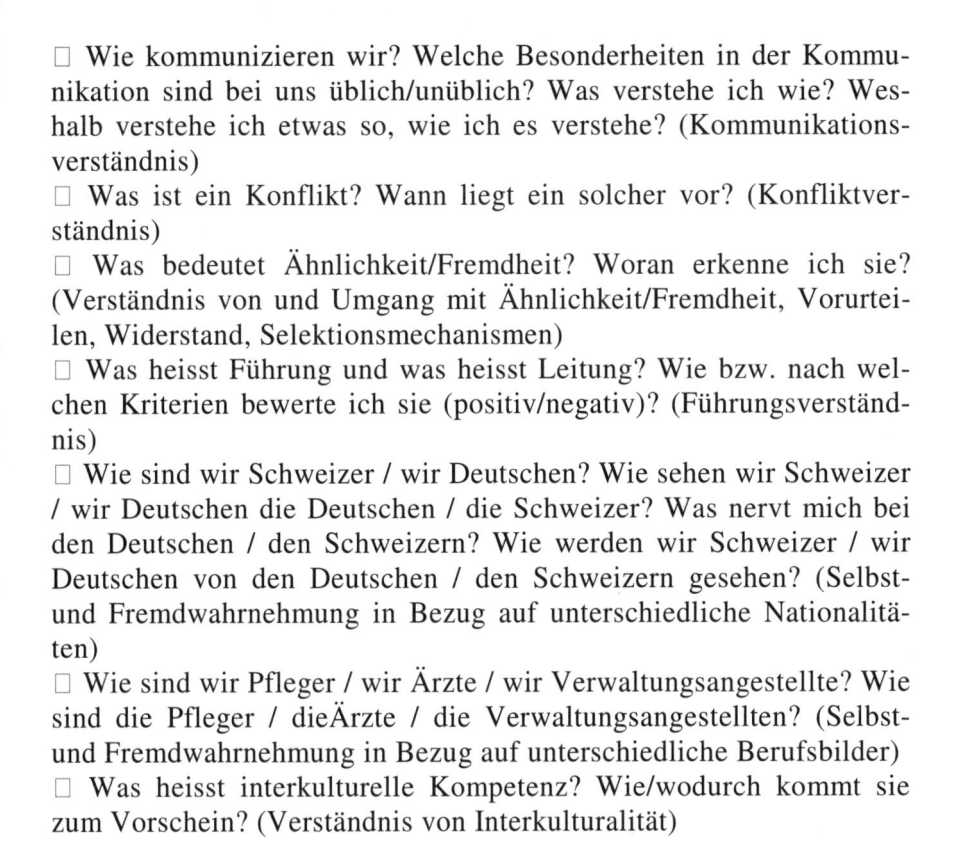

Zu Beginn der Workshops vertraten die Mitarbeitenden die Ansicht, dass es übertrieben sei, zum Thema Interkulturalität zwischen Deutschen und Schweizern Workshops durchzuführen. Da gebe es wichtigere und dringlichere Themen in der Klinik. Ausserdem sei das Thema banal, d.h. die Dinge, auf die es ankomme, seien sowieso schon bekannt. Im Laufe des gemeinsamen Arbeitens realisierten die Mitarbeitenden jedoch immer stärker, dass das Thema nur auf den ersten Blick simpel wirkt und daher gerne unterschätzt wird. Gerade in der vermeintlichen Ähnlichkeit zwischen der schweizerischen und der deutschen Kultur liegen diverse Herausforderungen, die sich auf Arbeitsprozesse auswirken. Den Mitarbeitenden wurde immer klarer, dass es bei den Workshops nicht ausschließlich darum geht, sich wohler zu fühlen, sondern Arbeitsprozesse zu verbessern.

Was das Verständnis von Kultur, Interkulturalität, Kommunikation, Konflikten, Führung usw. betrifft, wurden in den Workshops diverse Unterschiedlichkeiten herausgearbeitet. Es wurde aber auch klar, dass Vorsicht geboten ist vor zu schnellen Schlussfolgerungen, denn verschiedene Betrachtungs- und Bewertungsweisen entstehen nicht nur aufgrund nationaler Unterschiedlichkeiten. So spielen natürlich auch die berufliche Sozialisierung, das Geschlecht, das Alter, die Dauer der Unternehmenszugehörigkeit, etc. eine Rolle. Herauszufinden, ob eine bestimmte Sichtweise in erster Linie mit der Landesherkunft zusammenhängt oder ob eher andere Faktoren im Vordergrund stehen, ist eine grosse Herausforderung.

In den Workshops wurde bewusst auch mit Stereotypen gearbeitet, wogegen sich die Mitarbeitenden anfänglich sträubten. "Weshalb soll ich jetzt die ganzen Vorurteile auf denTisch legen? Das ist doch wie Öl ins Feuer giessen. Wir wissen doch alle, dass das nur Vorurteile sind. Wird das Ganze dann nicht noch schlimmer?" Meiner Erfahrung nach ist es wichtig, sich mit Vorurteilen zu beschäftigen und diese nicht vorschnell vom Tisch zu wischen. Weshalb? Wo immer wir mit Fremdem in Berührung kommen, entstehen Ängste bzw. gewisse Formen von Widerstand. Dies geschieht, weil wir nicht auf bewährte Kommunikations- oder Verhaltensmuster zurückgreifen können. Das irritiert und verunsichert zunächst einmal. Um der Komplexität, die sich durch Fremdheit bzw. Unbekanntes erhöht, zu begegnen und sie handhabbar zu machen, beginnen wir sie zu reduzieren. Dies erfolgt über Vorurteile. Das heisst, Vorurteile sind ein Mechanismus zur Vereinfachung. Es sind Schablonen, die entwickelt werden, um handlungsfähig zu bleiben. Nun geht es nicht darum, diese zu negieren. Vielmehr ist es wichtig, sich mit den eigenen Vorurteilen, die jeder von uns hat, zu konfrontieren. Erst wenn wir etwas kennen, können wir lernen, damit umzugehen. Unreflektierte Ängste vor Fremdem wie auch die Vorurteile, die sie bannen sollen, wirken im Unbewussten und bestimmen so unser Handeln. Erst wenn wir uns der eigenen Handlungsmotive bewusst sind, können wir unser Handeln steuern.

Eine Beschäftigung mit Vorurteilen muss nicht automatisch zu Konflikten führen. Die Frage ist, mit welcher Haltung ich mich mit ihnen beschäftige und ob ich bereit bin, meine Vorurteile als *eine* mögliche Konstruktion von Wirklichkeit, aber nicht als *die* Wirklichkeit per se anzuerkennen. Diese Fähigkeit, eine Vielzahl von Wirklichkeiten zu-

zulassen, ist übrigens eine Eigenschaft, die in interkulturellen Teams besonders ausgeprägt ist (siehe Kapitel 7).

6. ERGEBNISSE DER WORKSHOPS

In den Workshops wurden von den Teilnehmenden die kulturell geprägten unterschiedlichen Wahrnehmungen und Bewertungen in Bezug auf Kommunikationsformen, Konfliktgestaltung und Führungsverständnis identifiziert, die im Folgenden zusammengefasst werden.

Wie sehen Deutsche und Schweizer das Thema Verständigung?

„Klar" Position beziehen
Es wurde konstatiert, dass es eher eine deutsche Eigenschaft ist, klar Position zu beziehen, indem knappe und tendenziell keinen Widerspruch duldende Aussagen ("Es ist doch sonnenklar, dass ...") gemacht werden. Für eher schweizerisch befanden es verschiedene Teilnehmenden, relativierend zu sprechen, was insbesondere durch den Gebrauch des Konjunktivs zum Ausdruck kommt, den Schweizer häufiger benutzen als Deutsche. Auch würden die Schweizer mehr betonen, dass sie nur ihre Ansicht vertreten und keine generelle Aussage machen wollen, weshalb sie öfter als Deutsche Sätze mit "Meiner Meinung nach wäre es auch möglich, ..." oder "Ich finde, man könnte doch auch ..." beginnen. Einige Schweizer Mitarbeitende erhoben Einwände gegen eine solche Zuordnung. Es sei nicht zutreffend, dass Schweizer nicht „klar" Position beziehen würden. Sie würden dies einfach anders tun als die Deutschen. Im Laufe der Diskussion kristallisierte sich u. a. heraus, dass sich Deutsche und Schweizer beim Thema *Klarheit* an unterschiedlich orientieren.

Kommunikationstempo
Einer der Teilnehmenden meinte, dass durch den Konjunktivgebrauch und Relativierungen Sätze tendenziell länger werden. Dieser Gedanke entfachte eine Diskussion über das Thema Geschwindigkeit. Wer in einem Team arbeitet, weiss, dass unterschiedliche Arbeitstempi –und dazu gehört auch das Tempo in der Kommunikation – anstrengend

sein können. Wenn ich das Gefühl habe, dass mein Gegenüber "Ewigkeiten braucht, um auf den Punkt zukommen", zerrt das an den Nerven. Interessant in der Diskussion waren die unterschiedlichen Wahrnehmungen und Bewertungen von Deutschen und Schweizern über sich selbst und ihr jeweiliges Gegenüber. Hier zeigte sich deutlich, wie stark wir unsere Umwelt durch unsere kulturell gefärbte Brille betrachten. Tendenziell vertraten die Deutschen in Bezug auf sich selbst die Ansicht, dass sie Dinge auf den Punkt bringen und schnell sind. Die Schweizer waren eher der Meinung, dass die Deutschen ungeduldig sind und dem gemeinsamen Entwickeln von Dingen im Gespräch keinen Raum geben. Umgekehrt empfinden sich die Schweizer als höflich. Sie lassen ihr Gegenüber ausreden, sind geduldig und diplomatisch –und all das erfordert Zeit. Ausserdem sei das Hochdeutsch für sie eine Fremdsprache, und in einer Fremdsprache zu sprechen, verursache immer eine zeitliche Verzögerung. Die Deutschen wiederum nahmen die Schweizer tendenziell als schlichtweg langsam wahr. Sie würden sprachlich eher "rumeiern" und eben nicht auf den Punkt kommen (hier sei darauf hingewiesen, dass ein Schweizer den Begriff „rumeiern" eher nicht benutzen würde, sondern Begriffe wie "nicht so klar sein").

Semantische Unterschiede, Satzbau, Sprachduktus/Sprechweise
In diesem Zusammenhang wurde angemerkt, dass auch der "Schlenker" mit dem "oder?" am Ende eines Satzes etwas typisch Schweizerisches ist. Diese Gepflogenheit, von Schweizern selbst als Floskel verstanden, wirkt auf Deutsche oft tatsächlich wie eine Frage. In der Diskussion kam die Frage auf, inwiefern der unterschiedliche Umgang mit Sprache auch durch die unterschiedlichen politischen Systeme geprägt ist. So herrscht in Deutschland ja ein System mit Regierung und Opposition, in dem es notwendig ist, klar Stellung zu beziehen. In der Schweiz hingegen herrscht das Konkordanzsystem[2], bei welchem gemeinsam Lösungen erarbeitet werden müssten.

---

[2] „Als Konkordanzdemokratie wird ein Typus der Volksherrschaft bezeichnet, der darauf abzielt, eine möglichst grosse Zahl von Akteuren (Parteien, Verbände, Minderheiten, gesellschaftliche Gruppen) in den politischen Prozess einzubeziehen und Entscheidungen durch Herbeiführung eines Konsenses zu treffen." (Zapf 1997: 31f.).

Spannend war auch das Herausarbeiten unterschiedlicher Bedeutungen gleicher Worte. Dafür ein Beispiel: Wenn in Deutschland jemand sagt, "Ach, lass uns doch ein bisschen klönen", so meint er damit, dass er sich mit seinem Gegenüber unterhalten, mit ihm sprechen möchte. In der Schweiz hingegen bedeutet das Wort "klönen" "jammern". Ein weiteres Beispiel, das gerade in Arbeitsabläufen wichtig ist, ist der Gebrauch des Wortes "nachher". Wenn ein Deutscher sagt, "Kannst du mir nachher mal die Information zukommen lassen", will er diese irgendwann in den nächsten Stunden oder Tagen erhalten. Das "nachher" bei Schweizern bezieht sich meist auf einen sehr viel kürzeren Zeitabschnitt. Tendenziell versteht ein Schweizer darunter: "Wenn du deine jetzige Tätigkeit beendet hast, dann gib mir bitte die Information."

Vom einzelnen Wort über den Satzbau bis zum Sprachduktus gibt es also viele Gelegenheiten für *Missverständnisse*. Es wird etwas gehört und z.B. als boshaft oder überheblich verstanden, was der andere gar nicht so gemeint hat. Das Problem besteht darin, dass zu einem gewissen Grad tatsächlich unterschiedliche Sprachen gesprochen werden, ohne dass dies den Beteiligten bewusst ist. Der von Schweizern immer wieder geäusserte Eindruck, dass Deutsche überheblich und arrogant sind oder ihr Gegenüber einfach überrollen, hat nichts mit dem deutschen Gegenüber zu tun, sondern entsteht durch unterschiedliche sprachliche Konnotationen/Zuschreibungen, durch unterschiedliche Selektionsmuster in der Wahrnehmung sowie durch verschieden geprägte Bewertungsparameter. Dasselbe gilt natürlich auch umgekehrt für den Eindruck, den Schweizer bei Deutschen hinterlassen, wie z.B. dass sie umständlich sind, man selten weiss, worum es geht, und dass sie so sehr durch die Blume sprechen, dass ihr Standpunkt nicht mehr herauszuhören ist.

Deutsch ist nicht gleich Deutsch
In den Workshops ging es entsprechend auch darum, bei den Beteiligten das Bewusstsein dafür zu fördern und zu schärfen, dass die Kommunikation und der Umgang mit Angehörigen einer anderen Kultur eine ständige *Übersetzungsleistung* erfordert. Nur wenn man dazu bereit ist, sprachliche und Verhaltensäusserungen des Gegenübers zu übersetzen, ist es möglich annähernd herauszufinden, was es eigentlich meint. Wenn man aus einem anderenSprachraum kommt, ist man

sich der Notwendigkeit der Übersetzung stets bewusst, da man sie aktiv gestalten muss. Kommt man aber aus dem gleichen Sprachraum wie das Gegenüber, hat man das Gefühl von Ähnlichkeit, d.h. man neigt dann dazu, kulturelle Unterschiede eher zu ignorieren. Die aber eben doch wahrgenommenen Unterschiede werden dann möglicherweise auf der falschen Ebene verarbeitet, nämlich z.B. in Form von charakterlichen Zuschreibungen. Konstruktive Zusammenarbeit erfordert daher, dass Deutsche *und* Schweizer, trotz ihrer vermeintlich gleichen Sprache, ständig übersetzen, im Grunde genauso, wie es zwischen anderen einander fremden Sprachen notwendig ist.

Wie bewerten Deutsche und Schweizer Konflikte?
Interessant bei der Beschäftigung mit dem Thema Konflikte war die Feststellung, dass Deutsche und Schweizer unterschiedlich wahrnehmen und bewerten, wann überhaupt ein Konflikt vorliegt. So erwähnten Schweizer Situationen als Beispiele für Konflikte, bei denen den Deutschen "die Spucke wegblieb", da es sich aus ihrer Sicht um Situationen handelte, in denen "einfach diskutiert wurde". Auch dieses unterschiedliche Konfliktverständnis hat seine Ursache in der unterschiedlichen Bewertung der jeweiligen sprachlichen Eigenheiten des anderen wie z. B. der Betonung, der Sprechgeschwindigkeit, der Lautstärke, bis hin zu Unterschieden in der Verwendung einzelner Wörter.

Wie betrachten Deutsche und Schweizer das Thema Führung?
Ein zentrales Konfliktfeld sind die unterschiedlichen Führungsstile von Schweizern und Deutschen. Hier vertraten die deutschen und die Schweizer Mitarbeitenden tendenziell eine ähnliche Ansicht, nämlich dass Schweizer Leitungskräfte ihre Mitarbeitenden mehr einbeziehen, während deutsche Leitungskräfte Entscheidungen eher ohne Konsultation der Mitarbeitenden treffen. Die Schweizer Mitarbeitenden meinten, dass sie sich von einem Schweizer Vorgesetzten eher ernst genommen und einbezogen fühlen als von einem deutschen Vorgesetzten. Die deutschen Mitarbeitenden hingegen waren oft erstaunt, wie viel Mitspracherecht man als Mitarbeitender in der Schweiz hat. Einige Mitarbeitende teilten diese Ansicht jedoch nicht. Ihrer Meinung nach sieht es lediglich so aus, als ob Schweizer Führungskräfte ihre Mitarbeitenden stärker einbeziehen. Nach und nach schälte sich

in der Diskussion heraus, dass sich die deutschen und die Schweizer-Führungskräfte vor allem in der *Form der Kommunikation* zu unterscheiden scheinen. Das heisst, dass Schweizer Führungskräfte ihre Mitarbeitenden *von der Form her* stärker einbinden, ohne dass diese damit tatsächlich in einem grösseren Mass an Entscheidungen beteiligt sind als bei deutschen Führungskräften. Wahrscheinlich aufgrund dieses unterschiedlichen kommunikativen Stils, so die Teilnehmenden der Workshops, wirken deutsche und schweizerische Führungskräfte auch unterschiedlich im Hinblick auf Wertschätzung und Integration der Mitarbeitenden.

7. CHANCEN DER DEUTSCH-SCHWEIZERISCHEN ZUSAMMENARBEIT

Immer wieder hört oder liest man von einer "deutschen Invasion" und den daraus entstehenden Problemen. Der Begriff "Invasion" bedeutet "Eindringen" und impliziert viele mögliche Subtexte, etwa das Gefühl, überrollt zu werden und die Kontrolle zu verlieren. Das weckt Ängste und schafft schnell einen Nährboden für Kampfstimmung bzw. Konfrontation. Gerade deshalb ist es interessant genauer hinzuschauen. Weshalb könnte es sinnvoll sein, dass Deutsche und Schweizer zusammenarbeiten? Gibt es einen Mehrwert? Und wenn ja: Wo und wie ist er zu erkennen? Die Ergebnisse der Workshops geben auf diese Fragen klare Antworten.

Interkulturalität und Innovation
Das Aufeinandertreffen von verschiedenen Kulturen, so auch von Schweizern und Deutschen, beinhaltet immer die Möglichkeit, etwas Neues zu schaffen. Wichtig dabei ist, dass nicht eine Kultur der anderen ihre Eigenheiten überstülpt, so wie es meines Erachtens bei der Deutschen Wiedervereinigung geschehen ist. Die Frage, ob die deutsche oder die schweizerische Art die bessere oder richtigere ist, interessiert hier nicht. Es geht vielmehr darum, dass etwas, das weder schweizerisch noch deutsch ist, geschaffen wird. Dadurch entsteht ein Mehr an Möglichkeiten, eine Erweiterung der Optionen. Davon können Organisationen und Individuen gleichermassen profitieren. Allerdings sind solche Prozesse auch anstrengend und nicht schnell zu be-

wältigen. Kulturveränderungen in Unternehmen benötigen Aufmerksamkeit, Investitionen, Interventionen (die passenden zur passenden Zeit), Veränderungswillen und auch Zeit für die Entwicklung. Ob die Klinik unseres Fallbeispiels diesen Wandel schafft, wird sich erst noch zeigen müssen. Eine abschliessende Evaluation des Beratungsprozesses steht noch aus, insofern wäre es verfrüht, hier eine Aussage zu machen.

Vernetztes Denken
Es war beeindruckend zu beobachten, wie die Mitarbeitenden und Führungskräfte der Klinik im Laufe der Zeit ihre Fähigkeit, mit komplexen Fragen und Aufgaben umzugehen und diese zu lösen, immer stärker entwickelten. Die Teilnehmenden konnten mehr Komplexität, d.h. Mehrdeutigkeiten auf allen Ebenen, zulassen, sie bekamen einen schärferen Blick für das Netz gegenseitiger Bedingungen (komplementäre Betrachtungsweise) und griffen immer weniger auf Pauschalisierungen zurück. Hierdurch wurde es ihnen besser möglich, auf allzu rasche Urteile und die Suche nach schnellen Lösungen zu verzichten. Unklare Situationen hielten sie besser aus.

Metakommunikation
Für das, was mit Metaebene gemeint ist, benutze ich auch Formulierungen wie "auf den Berg steigen und von oben herunterschauen" oder "die Kamera einschalten", die verdeutlichen sollen, dass es notwendig ist, Sachverhalte auch aus einer anderen Perspektive zu betrachten, um sie besser verstehen zu können. Im Hinblick auf Kommunikation etwa wird der Blick nicht auf die Inhalte, sondern auf die Art und Weise der Kommunikation gerichtet. Eine solche Metakommunikation bedeutet, ein Gespräch über die Art und Weise des Miteinandersprechens zu führen. Interessant war, dass sich im Laufe des Prozesses die Kommunikation der Mitarbeitenden auf der Metaebene veränderte. Zu Beginn des Prozesses überprüften die Mitarbeitenden kaum, ob ihr Gegenüber das meinte, was bei ihnen ankam. Sie gingen einfach davon aus, dass sie die jeweiligen Aussagen im Sinne des Sprechenden verstehen. Mit der Zeit aber entwickelte sich ein Bewusstsein dafür, dass es wichtig ist, immer wieder "die Brillen zu wechseln". Ihnen wurde zunehmend klarer, dass die Art und Weise, wie eine Bemerkung des Gegenübers bei ihnen ankommt, mit der ei-

genen kulturell gefärbten Sprache bzw. Wahrnehmung zu tun hat. Immer häufiger wurden "Überprüfungsschleifen" gemacht, um zu klären, ob das Gegenüber etwas wirklich so gemeint hat, wie es verstanden wurde. Durch die ständige Übersetzungsleistung von einer Kultur in die andere (mit zwei Brillen schauen) wurde die Fähigkeit ausgebaut, sich selbstverständlicher auf der Metaebene zu bewegen.

Beweglichkeit
Dadurch, dass in der Zusammenarbeit zwischen Deutschen und Schweizern immer wieder zwischen unterschiedlichen Betrachtungsweisen und Bewertungssystemen gewechselt werden muss, wuchs auch die geistige Beweglichkeit. Die Mitarbeitenden und ihre Führungskräfte wurden in ihren Wahrnehmungs- und Denkprozessen flexibler. Auch wurden sie sich immer deutlicher der eigenen Perspektive und der Relativität dieser Perspektive bewusst. Als Vorteil für die Klinik erwies sich, dass nicht nur vermehrt Neuerungen entstanden, sondern diese auch einfacher umgesetzt werden konnten als zuvor und als in anderen Kliniken.
Sensibilisierung
In den Workshops wurde die Fähigkeit trainiert, hinter die vermeintlichen Ähnlichkeiten zwischen der schweizerischen und der deutschen Kultur zu blicken, auf Feinheiten zu achten und genauer hinzuhören. Es ging darum, weniger auf das Augenfällige zu reagieren, sondern Sensibilität für das nicht so Offensichtliche zu entwickeln. Es liegt auf der Hand, dass sich solche Fähigkeiten auch auf andere Arbeits- und Lebensbereiche übertragen lassen. So berichteten die Mitarbeitenden der Klinik immer wieder von einem Transfer ihrer neuerworbenen "Achtsamkeit", etwa im Umgang mit Patienten.

Konfliktfähigkeit
Die genannten Erweiterungen der Kommunikations- und Handlungsspielräume führten auch zu einem neuen Umgang mit Konflikten. Unreflektierte Ängste und Vorurteile sowie nicht bewusste kulturelle und sprachliche Missverständnisse führen zu dysfunktionalen Formen der Kommunikation bis hin zur Kommunikationsverweigerung, welche die Zusammenarbeit erschweren, gelegentlich sogar verunmöglichen kann. Der bewusstere Umgang mit Konflikten, der immer auch beinhaltet, das vom Gegenüber Geäusserte in die eigene Kultur zu

übersetzen, d.h. es verstehen zu wollen und Missverständnisse zu vermeiden, ermöglicht es, das positive Potenzial eines Konflikts in den Blick zu nehmen, das darin besteht, neue und vor allem aber gemeinsame, konstruktive Lösungen zu finden.

8. SCHLUSSBEMERKUNGEN

Das Ansprechen von Unstimmigkeiten des schweizerisch-deutschen Verhältnisses in Unternehmen stellt für die Führungspersonen von Unternehmen ein sensibles Feld dar. Sie stehen vor der Herausforderung interkultureller Differenzen adäquat und vorurteilsfrei anzusprechen und gleichzeitig dezidiert gegen fremdenfeindliche und rassistische Haltungen oder Verhaltensweisen vorzugehen. Dieses oftmals schwer lösbare Dilemma trägt mit dazu bei, dass sich niemand daran die Finger verbrennen möchte und das schweizerisch-deutschen Verhältnis und die daraus resultierenden Probleme "im Verborgenen ihre Blüten treiben". Damit die negative Eindrucksbildung vermindert und vertrauensvolle Arbeitsbeziehung entstehen können, müssen mit der engagierten Beteiligung aller Akteure eines Unternehmens gegenseitige Vorurteile durchbrochen und Annäherungsprozess eingeleitet werden. Hierfür braucht es auf der einen Seite gegenseitigen Respekt und auf der anderen Seite Interesse und die Bereitschaft, unterschiedliche Regeln der Interaktion zu erkennen und sich auf sie einzulassen.

In diesem Sinne wünschen wir allen Schweizer und Deutschen Führungskräften und Mitarbeitern, den Mut und die Zuversicht sowie Geduld und Zugewandtheit auf diesem Weg.

8. LITERATUR

Altwegg, Jürg / Weck, Roger de (Hrsg.): Kuhschweizer und Sauschwaben. Schweizer, Deutsche und ihre Hassliebe. München: Nagel und Kimche.
Auernheimer, Georg (2002): Interkulturelle Kompetenz – ein neues Element pädagogischer Professionalität? In: Auernheimer, Georg (Hrsg.): Interkulturelle Kompetenz und pädagogische Professionalität. Opladen: Leske & Budrich, S. 183-205.
Bierhoff, Hans-Werner (1998): Sozialpsychologische Aspekte der Kooperation. In: Spiess, Erika (Hrsg.): Formen der Kooperation. Göttingen: Hogrefe, S. 21-36.
Brück, Frank (2002): Interkulturelles Management – Kulturvergleich Österreich -Deutschland - Schweiz. Frankfurt a. M. und London: Sage.
Bundesamt für Statistik (2009a): Ständige ausländische Wohnbevölkerung nach Staatsangehörigkeit.
Bundesamt für Statistik (2009b): Erwerbslosenquote nach Geschlecht und Nationalität.
Cialdini, Robert B. (1984): Einfluss. Landsberg: Moderne Verlagsgesellschaft.
Costa, Ana Cristina / Bijlisma-Frankema, Katinka (2007): New perspectives on the trust control nexus. Group & Organization Management, 32 (4), pp. 392-406.
D'Amato, Gianni (2008): Erwünscht, aber nicht willkommen. Die Geschichte der Einwanderungspolitik. In: Avenir Suisse / Müller-Jentsch, Daniel (Hrsg.): Die neue Zuwanderung. Die Schweiz zwischen Brain-Gain und Überfremdungsangst. Zürich: Verlag Neue Zürcher Zeitung, S. 27-44.
De Pellegrin, Sandro (2008): Internationale Manager in den Schweizer Führungsetagen und deren Einfluss auf die Unternehmenskultur. Diplomarbeit Executive MBA; HTW Chur Hochschule für Technik und Wirtschaft, unveröffentlicht.
Eckmann, Monique / Eser Davolio, Miryam (2003): Rassismus angehen statt übergehen –Theorie und Praxisanleitung für Schule, Jugendarbeit und Erwachsenenbildung. Zürich: Pestalozzianum Verlag.

Eckmann, Monique / Salberg, Anne-Catherine / Bolzmann, Claudio / Grünberg, Karl (2001):De la parole des victimes à l'action contre le racisme. Genève: éditions ies.EKR (2009): Medienmitteilung der Eidgenössische Kommission gegen Rassismus vom 27.03.2009 - Fremdenfeindlichkeit gegen Deutsche.
 URL:http://www.news.admin.ch/message/index.html?lang=de&msg-id=26130
Eser Davolio, Miryam (2000): Fremdenfeindlichkeit, Rassismus und Gewalt – Festgefahrenes durch Projektunterricht verändern. Bern, Stuttgart und Wien: Haupt.
Flanagan, John (1954): The Critical Incident Technique. In: Psychological Bulletin, Vol. 51, Nr.4, Juli 1954, 327-358.
Föllmi, Reto (2008): Gewinner und Verlierer der neuen Zuwanderung. Ökonomische Verteilungseffekte. In: Avenir Suisse / Müller-Jentsch, Daniel (Hrsg.): Die neue Zuwanderung. Die Schweiz zwischen Brain-Gain und Überfremdungsangst. Zürich: Verlag Neue Zürcher Zeitung, S. 141-164.
Habermas, Jürgen (1995): Theorie des kommunikativen Handelns. Bde 2, Frankfurt a.M.: Suhrkamp.
Hinz-Rommel, Wolfgang (1994): Interkulturelle Kompetenz. Münster: Waxmann.
Hoffmann, Dimiter M. (2002): Begegnungspädagogik oder mehr? In: Hoffmann, Dimiter M. /Furch, Elisabeth / Stefanov, Helga (Hrsg.): Grenz-Begegnungen – Border-Encounters. Lernen mit Pfiff. Wien, S. 15-49.
Hort, Rüdiger (2007): Vorurteile und Stereotypen. Soziale und dynamische Konstrukte.Saarbrücken: VDM Verlag.
Imhof, Kurt (2008): Die Schweiz wird deutsch! Eine Medienanalyse. In: Avenir Suisse /Müller-Jentsch, Daniel (Hrsg.): Die neue Zuwanderung. Die Schweiz zwischen Brain-Gain und Überfremdungsangst. Zürich: Verlag Neue Zürcher Zeitung, S. 165-181.
Johansen, Hanna (2003): Hereinspaziert. In: Altwegg, Jürg / Weck, Roger de (Hrsg.): Kuhschweizer und Sauschwaben. Schweizer, Deutsche und ihre Hassliebe. München: Nagel und Kimche, S. 15-34.
Kühlmann, Torsten M. (2005): Formation of trust in German-Mexican business relations. In: Bijlsma-Frankema, Katinka / Klein Woolthuis, Rosalinda (Eds.): Trust under Pressure. Cheltenham, Northampton, MA: Edward Elgar, pp. 37-53.

Lang, Guy (2007): Die fremden Nachbarn mit der ähnlichen Sprache. In: HR Today, Nr.32007, S. 5-7.Levine, Robert (1998): Eine Landkarte der Zeit – Wie Kulturen mit Zeit umgehen. München, Zürich: Piper.

Lewicki, Roy / Bunker, Barbara B. (1996): Developing and maintaining trust in workrelationships. In: Kramer, Roderick M. / Tyler, Tom R. (Eds.): Trust in Organizations. Thousand Oaks, CA: Sage, pp. 114-139.

Looss, Wolfgang (1996): Die nicht-lernende Organisation und das politische Umfeld von Veränderungsprozessen, Grundlegende Spielmuster im Umgang mit Störungen. In: Fatzer, Gerhard (Hrsg.): Organisationsentwicklung und Supervision: Erfolgsfaktoren bei Veränderungsprozessen. Köln: EHP (Edition Humanistische Psychologie) Verlag, S. 229-241.

Lüdi, Georges (2008): Der Schweizer Sprachen-Cocktail neu gemixt! Sprache als Brücke und Barriere. In: Avenir Suisse / Müller-Jentsch, Daniel (Hrsg.): Die neue Zuwanderung. Die Schweiz zwischen Brain-Gain und Überfremdungsangst. Zürich: Verlag Neue Zürcher Zeitung, S. 185-204.

Maag, Kathrin (2009): Das Bild der deutschen Einwanderer in Schweizer Printmedien. Ein Medienvergleich. Bachelorarbeit im Studiengang Journalismus/Organisationskommunikation, IAM Institut für angewandte Medienwissenschaft, ZHAW Zürcher Hochschule für Angewandte Wissenschaften, unveröffentlicht.

Meier-Braun, Karl-Heinz (2001): Bleiben Chancen ungenutzt? Migration und Medien. In: Die Ausländerbeauftragte der Freien und Hansestadt Hamburg / Hamburgische Anstalt für neue Medien (Hrsg.): Medien – Migration – Integration: Elektronische Massenmedien und die Grenzen kultureller Identität. Berlin: VISTAS, S. 125-135.

Mendenhall, Mark.E. / Stahl, Günter.K. / Ehnert, Ina / Oddou, Gary / Osland, Joyce S. /Kühlmann, Torsten M. (2004): Evaluation studies of cross-cultural training programs. In: Landis, Daniel / Bennett, Janet M. / Bennett, Milton J. (Eds.): Education for the Intercultural Experience. Yarmouth: Intercultural Press, pp. 129-143.

Moscovici, Serge (1995): Geschichte und Aktualität sozialer Repräsentationen. In: Flick, Uwe(Hrsg.): Psychologie des Sozialen. Repräsentationen in Wissen und Sprache. Hamburg: Rowolth, S. 266-314.

Muschg, Adolf (2003): Was ist des Deutschen Vaterland? In: Altwegg, Jürg / Weck, Roger de(Hrsg.): Kuhschweizer und Sauschwaben. Schweizer, Deutsche und ihre Hassliebe. München: Nagel und Kimche, S. 176-193.
Oberg, Kalvero (1960): Cultural schock: Adjustment to New Cultural Environments. Practical Anthropology, 7, pp.177-182.
Radatz, Sonja (2003): Beratung ohne Ratschlag, Systemisches Coaching für Führungskräfte und BeraterInnen. Wien: Verlag Systemisches Management, S. 56-80.
Schilling, Guido (2009): An der Spitze. Guido Schilling Partner Group, http://www.guidoschilling.ch/data/news/file_1_181.pdf
Schmitz, Ulrich / van den Bergh, Samuel, (2009): "Swiss Business Culture" – wie Führung in der Schweiz funktioniert. In new management, Nr. 7-8, S. 58-61.
Schneider, Susan / Barsoux, Jean-Louis (1997): Managing across cultures. Harlow, England, New York: Financial Times, Prentice Hall.
Schwalb, Helmut (1995): Konsequenzen für die Ausbildung von Sozialarbeitern/Sozialpädagogen. In: Barwig, Klaus / Hinz-Rommel, Wolfgang (Hrsg.):Interkulturelle Öffnung sozialer Dienste. Freiburg i.Br.: Lambertus, S. 83-101.
Schweer, Martin / Thies, Barbara (2003): Vertrauen als Organisationsprinzip. Perspektiven für komplexe soziale Systeme. Bern: Huber.
Schwegler, Ulrike (2008): Vertrauen zwischen Fremden. Die Genese von Vertrauen in deutsch-indonesischen Kooperationen. Frankfurt: IKO Verlag.
Statistisches Bundesamt (2009): Entwicklung von Erwerbstätigkeit und Erwerbslosigkeit.
Strahm, Rudolf (2008): Warum wir so reich sind. Wirtschaftsbuch Schweiz. Bern: hep Bildungsverlag.
Taft, Ronald (1977): Coping with unfamiliar cultures. In: Warren, Neil (Ed.): Studies in Cross-cultural Psychology. Vol. 1. London: Academic Press, p.121-153.
Trompenaars, Fons (1993): Handbuch Globales Managen. Düsseldorf, Wien: ECON.
Wagner, Rainer H. (1995): Praxis der Veränderung in Organisationen. Göttingen: Verlag für angewandte Psychologie, S. 13-38.
Wagner, Wolf (1996): Kulturschock Deutschland. Hamburg: Rotbuch.

Wang, Su-Ellen (2007): Die Darstellung von Ausländern in den Medien. Welches Bild Nachrichtenmagazine vermitteln. Saarbrücken: VDM Verlag.
Willmeroth, Sandra / Hämmerli, Fredy (2009): Exgüsi. Ein Knigge für Deutsche und Schweizer zur Vermeidung grober Missverständnisse. Zürich: Orell Füssli.
Woltin, Karl-Andrew / Jonas, Kai J. (2009): Interkulturelle Kompetenz – Begriffe, Methoden und Trainingseffekte. In: Beelmann, Andreas / Jonas, Kai J. (Hrsg.): Diskriminierung und Toleranz. Psychologische Grundlagen und Anwendungsperspektiven. Wiesbaden: VS-Verlag,S. 463-487.
Zaheer, Aks / Zaheer, Sri (2006): Trust across borders. Journal of International BusinessStudies 37, pp. 21-29.
Zapf, Wolfgang (1997): Entwicklung als Modernisierung. In: Schulz, Manfred (Hrsg.):Entwicklung. Die Perspektive der Entwicklungssoziologie. Opladen: Westdeutscher Verlag,S. 31-45.
Ziauddin, Bruno (2008): Grüezi Gummihälse. Warum uns die Deutschen manchmal so auf die Nerven gehen. Hamburg: Rowohlt.
Zürcher, Boris (2008): Einleitung. In: Avenir Suisse / Müller-Jentsch, Daniel (Hrsg.): Die neue Zuwanderung. Die Schweiz zwischen Brain-Gain und Überfremdungsangst. Zürich:Verlag Neue Zürcher Zeitung, S.7-18.

Gianni D'Amato
Vom Ausländer zum Bürger
Der Streit um die politische Integration von Einwanderern in Deutschland, Frankreich und der Schweiz
Anhand der italienischen Migranten in Deutschland, Frankreich und der Schweiz wird in der Studie der Charakter und die Reaktionsfähigkeit von politischen Systemen auf die Herausforderung einer multikulturellen Gesellschaft untersucht. Das Buch thematisiert die Theorien und Entwicklungslinien der bisherigen Migrationsforschung und bietet eine historisch kontextualisierte Darstellung der Koevolution von Einwanderung und Staatsbürgerschaft in den drei untersuchten Ländern. Gerade die von Städten ausgehenden Partizipationsbestrebungen – lokales Wahlrecht, erleichterte Einbürgerung, doppelte Staatsbürgerschaft – sind für diese Debatten von besonderer Relevanz. Der Autor plädiert für eine Bürgergesellschaft, die nach aussen hin offen bleibt und sich durch offene politische Debatten immer wieder dynamisiert. Gerade die Ausweitung politischer Teilhaberechte auf ehemalige Ausgeschlossene seien eine Bedingung für eine sich als zivil verstehende Nation.
Bd. 5, 2005, 304 S., 25,90 €, br.,
ISBN 3-8258-5413-2

Hans-Peter von Aarburg; Sarah Barbara Gretler
Kosova-Schweiz
Die albanische Arbeits- und Asylmigration zwischen Kosovo und der Schweiz (1964–2000). (Mitherausgeber neben dem Seminar für Sozialanthropologie der Universität Freiburg i.Ue. ist das Albanische Institut in St. Gallen.)
Dargestellt ist hier ein aus kleinen Lebensgeschichten gewobenes Stück kosovarisch-schweizerischer Zeitgeschichte. Lange Zeit unbeachtete albanische Saisonniers erzählen von ihrem Leben, ebenso nachgezogene Ehefrauen und ihre Kinder. Auch die kosovaalbanische Asylmigration wird aus vielfältigen Erlebnis- und Erzählperspektiven geschildert. Traditionelle und aufgebrochene Lebensentwürfe stehen einander dabei oft schroff gegenüber. Gleich viel Raum wie Einzel- und Familienporträts nehmen Hintergrundtexte ein. So werden sozialgeschichtliche, wirtschaftliche, politische und demographische Entwicklungen in Innen- und Aussenperspektiven fassbar. Die Schweiz ist dabei ebenso Thema wie der Balkan.
Bd. 18, 2. Aufl. 2011, 616 S., 25,90 €, br.,
ISBN 978-3-8258-1371-0

LIT Verlag Berlin – Münster – Wien – Zürich – London
Auslieferung Deutschland / Österreich / Schweiz: siehe Impressumsseite